내가 낸 세금, 다 어디로 갔을까?

하승우 묻고 이상석 답하다

내가 낸 세금,
다 어디로 갔을까?

우리 삶을 바꾸는 시민운동의 힘

투명 사회를 위한 마중물이 필요하다

_하승수(세금도둑잡아라·비례민주주의연대 공동대표, 변호사)

시민운동이 한참 전성기를 달리던 시절이 있었다. 1990년대 후반부터 2000년대 초반 무렵이었다. 당시에는 주요 언론사 신문에 NGO 면이 있었고 NGO 담당 기자가 있었다. 한국 경제가 압축성장한 것처럼 시민운동도 압축성장을 하던 시절이었다. 그러나 시민운동의 신뢰도와 영향력은 그 이후 줄어들었다. 여러 가지 이유가 있다. 하나는 시민운동의 대표적인 인물 몇몇이 기존 정당을 통해 정치권으로 진출하며 시민운동에 대한 신뢰가 훼손된 면이 있다. 또 다른 이유는 일부 시민운동단체나 시민운동가들이 '거버넌스'를 표방하며 정치·행정·기업과 협력해 문제를 풀겠다는 입장으로 이동한 탓도 있다. 물론 이런 활동도 의미가 있지만, 시민운동이 자칫 '들러리'를 선다는 비판을 받을 소지가 있었다. 그

외에도 여러 원인이 있을 것이다. 그 모든 원인을 분석하거나 거론할
능력은 없지만 한 가지는 분명하다. 시민운동의 주요 영역이었던
권력감시운동이 위축된 것이다.

남들은 놔버린 권력감시운동에 매달려

전국 규모의 감시운동 단체는 그래도 유지될 수 있었지만,
지역에서의 권력감시운동은 그렇지 않았다. 기존에 권력감시운동,
예산감시운동을 하던 단체들이 활동을 접거나 축소하는 경우도
생겼고, 핵심 활동가들이 다른 역할로 옮겨가는 경우도 생겼다.
어느새 지역 시민운동 중 인기 없는 운동이 권력감시운동이
되어버렸다. 자연스럽게 감시의 사각지대는 점점 더 넓어졌다.
물론 그런 와중에도 끈질기게 지방자치단체의 예산 사용을 감시하고
지역의 부패와 권력 남용을 감시해 온 사람들이 있다.
'세금도둑잡아라'의 이상석 사무총장이 대표적이다. 이상석
사무총장은 예산감시운동 초창기부터 지역의 부패와 예산 낭비를
감시하는 활동을 해왔다. 뿐만 아니라 현장에서 쌓은 전문성으로
강의와 자문 활동을 통해 이 어려운 운동이 지속될 수 있도록 했다.
그동안 이상석 사무총장이 해온 활동은 지방 권력감시운동의
모델이라고 할 수 있다. 특히 기억에 남는 일은 이 책에도 소개된
F1(Fomular 1) 대회에 대한 문제제기였다. 막연하게 F1이라는 국제
자동차 경주대회를 전라남도가 유치했다는 정도로 알려졌는데,

이상석 사무총장의 조사와 문제제기를 통해 사안의 실체가
드러났다. 자동차 경주대회를 유치해 지역이 발전한 것이 아니라
국비와 지방비를 합쳐 총 6000억 원 이상의 예산이 낭비됐다.

4대강 사업은 4대강에만 있는 것이 아니다

얼마 전 이명박 전 대통령이 구속됐다. 구속된 사안은 국정원
특수활동비 등의 문제 때문이지만, 4대강 사업과 해외자원개발 등
굵직굵직한 문제들에 대해서도 추가로 진상 규명이 불가피하다.
문제는 이렇게 국민 세금을 마음대로 쓴 예산 낭비 사업이 4대강
사업만이 아니라는 데 있다. '돈이 없는 게 아니라 세금 도둑이 너무
많은 게 문제'라는 말이 딱 맞다.
예산을 횡령하고, 국가와 지방정부를 상대로 사기를 치고, 시민들의
삶의 질을 위해 쓰여야 할 예산을 엉뚱하게 사용하는 일들이 지금도
전국 곳곳에서 벌어지고 있다. 이 문제를 해결하지 않고서는 결코
대한민국이 '인간답게 사는 나라'가 될 수 없다.
복지를 위해 세금을 더 걷을 필요가 있지만, 시민들이 정부를 믿지
못하는 상황에서 '증세'는 어려울 수밖에 없다. 내가 내는 세금이
제대로 쓰인다는 믿음이 없기 때문이다. 그래서 대한민국의
조세부담률은 OECD 국가 중 낮은 편에 속하지만, 세금에 대한
시민들의 저항감은 강한 편이다. 그 이유는 바로 곳곳에
'세금도둑질'이 만연해 있기 때문이다.

그래서 지금까지 이상석 사무총장이 해온 활동이 사회로부터 평가받고, 이런 활동이 더 확산되어야 한다. 이상석 사무총장의 활동은 지금 대한민국에서 꼭 필요한 시민운동이 어떤 운동인지 너무도 잘 보여준다.

누구나 청구하고 감시할 수 있다

사실 이상석 사무총장이 해온 활동이 그만이 할 수 있는 일은 아니다. 관심과 시간을 들이면 누구나 할 수 있다. 1998년부터 도입된 정보공개청구제도는 국민이면 누구나 중앙정부와 지방자치단체, 수많은 공공기관을 대상으로 정보공개청구를 할 수 있도록 보장하고 있다. 이 제도만 잘 활용해도 우리가 내는 세금의 쓰임새를 감시할 수 있다.

국회의원들이 해외 출장을 어떻게 다니는지, 지방자치단체장이나 지방의회가 업무추진비를 어떻게 쓰는지 알 수 있다. 내역만이 아니라 영수증까지 받을 수 있다. 잘만 활용하면 정보공개청구는 국민이 진짜 '주권자'가 될 수 있는 매우 훌륭한 제도다.

물론 정보공개청구를 한다고 해서 모든 정보가 공개되는 것은 아니다. 정보공개청구를 접수한 기관에서 비공개결정을 하는 경우도 있다. 그런 경우에는 이의신청, 행정심판, 행정소송 같은 방법을 통해 공개를 요구할 수 있다. 이상석 사무총장은 행정소송까지 하는 스타일이다. 변호사 없이 직접 소송을 진행한다.

사실 정보 공개를 요구하는 행정소송은 진행하기 어려운 소송이 아니다. 문제가 된 정보가 공개 대상이냐 아니냐만 따지면 되기 때문에 쟁점이 간단하다. 그러나 법률 전문가가 아닌 사람이 '소송'까지 할 마음을 먹기란 쉽지 않다. 그런데 이상석 총장은 직접 원고가 되어 소송을 해왔다. 승소판결도 많이 받았다.

이상석 총장처럼 행정소송까지 하기가 쉽지 않다면, 이의신청이나 행정심판을 하면 된다. 절차가 비교적 간단하고 비용도 들지 않는다. 만약 세금을 어떻게 쓰는지 정보공개청구를 하는 시민들이 늘어나고, 이의신청과 행정심판까지 하는 사람들이 늘어난다면 대한민국에서 낭비되는 세금은 대폭 줄어들 것이다. 정부에 대한 시민들의 신뢰도 또한 높아질 것이다. 그때 대한민국도 '불안'과 '각자생존'의 나라가 아니라 함께 사는 복지 공동체로 바뀔 수 있다.

투명한 사회를 위한 마중물이 필요하다

사실 아주 많은 사람이 필요한 것도 아니다. 한 지역에서 몇 명의 시민들만 꾸준히 관심을 갖고 이런 활동을 하면 엄청난 효과를 거둘 수 있다. 그 지역사회가 바뀔 수 있다. 마찬가지로 국가 차원에서도 꾸준히 예산사용만 감시하는 단체가 몇 개라도 자리 잡으면 정부의 투명성이 획기적으로 높아질 수 있다.

문제는 처음에 누가 시작하느냐다. 몇 명만이라도 지역에서 의지를 갖고 정보공개청구와 예산감시활동을 하려는 사람들이 있어야 한다.

국가 차원에서도 예산감시운동만 전문으로 하는 활동가들이 먹고 살수 있도록 그런 단체들을 후원하는 시민들이 있어야 한다. 그래야 변화가 시작될 수 있다.

이상석 사무총장이 인터뷰 형식을 빌려 이런 책을 내게 된 것도, 그런 마중물을 할 시민들을 찾기 위해서일 것이다. 세상의 변화는 처음부터 5퍼센트, 10퍼센트, 20퍼센트의 사람들이 관심을 갖는 데서 시작하지 않는다. 0.1퍼센트라도 관심을 갖고 참여하는 사람들의 존재가 중요하다. 그렇게 해서 시작된 파장이 동심원처럼 확산될 때 세상은 바뀔 수 있다. 이 책을 통해 변화를 위한 마중물 역할을 자임하는 시민들이 늘어나기를 소망해 본다.

'민주'와 '시민'과 '정의'를 논하는 모두에게 권한다

_이상선(사단법인 충남시민재단 이사장)

행·의정의 속성인 '권력' 행사의 합법성과 온당성 여부를 들여다보고
판가름하는 일은 결코 만만치 않다. 지방자치제도의 부활 이후에도
주민은 자치의 주체가 아니라 여전히 개발독재 연대에서 강고화된
'동원·통제·관리'의 대상쯤으로 남아 지역 민주주의의 지체현상으로
이어져 더욱 그렇다. 이처럼 '자치'의 속내는 후진적 정치 관행과
함께 관료자치 및 토호자치의 양상으로 나타나고, 그 부정과 부패의
동맹 세력은 은폐되고 구조화되어 지역 적폐와 지역사회 농단의
축을 형성하고 있는 것이 엄연한 현실이다.
이처럼 지방의 행·의정 메커니즘이 제대로 작동하지 않는 상황에서
NGO의 역할과 언론의 순기능 역시 기대하기 어렵다. 시민들 역시
감시할 엄두도 내지 못한 채 불편해하고 두려워하며 때로는 은밀한

담합관계로 외면하거나 눙치는 실상이다. 익명성이 보장되지 않는 지역에서 권력감시운동을 제대로 하려고 하면 '시민 없는 시민운동'은 음해성이거나 자해적 표현에 불과하다.

오래전부터 지역운동 판에서 정보공개청구와 예산분석 및 행정소송 등 법적 대응을 '제대로, 일관되게, 끝까지' 하는 '전설적 존재'가 회자되어 왔다. 철저하게 '비주류'를 자처하며, 또한 그렇게 대우받기도 하는 '이상석'이다. 바로 이 책의 진술인으로 '하승우' 박사에게 소환된 이다. 반갑고 고마운 사건이 아닐 수 없다.

단단한 신념 체계를 바탕으로 그가 지닌 감과 촉까지 더해져 악전고투하며 축적한 귀하디귀한 경험을 생생하게 담아낸 이 책은 그냥 흔해빠진 출판물이 아니다. 행정 독재와 전문가 독재, 메이저 운동단체를 조롱하듯 담담한 그의 이력의 토로는, 미처 다 담아내지 못한 행간의 의미까지 더하면 '민주'와 '시민'과 '정의'를 논하는 모두에게 권할 텍스트로서 손색이 없어 보인다. 학교 현장에도 유익한 교훈서가 될 것이다. 새삼 경의를 보내며, 건강과 안전을 기원한다. 기왕이면 행운도 함께하길!

차례 ————————————————

이제 같이 걷겠다고 손을 잡아주면 좋겠다

_ 하승우(녹색당 공동정책위원장)

10년 전쯤 '함께하는시민행동'이라는 시민단체에서 '이상석'이라는
이름을 처음 들었다. 전라남도 순천시에 가면 공무원들이 무서워서
벌벌 떠는 사람이 있다고, 예산 감시와 정보공개청구에 능하고
공무원 조직도까지 그려가며 지방정부를 감시하는 사람이 있다고
했다. '와, 멋지다' 하고 넘겼는데, 나중에
'투명사회를위한정보공개센터'라는 시민단체에서 또 이야기를
들었다. 전남에서 국제 자동차 경주대회 F1 추진 과정을 감시해 전
도지사와 공무원들을 고발한 사람이 있다고. 혹시 그분이
이분이냐고 물으니 맞다고 했다.
그러다 나중에야 인연이 닿아 직접 얼굴을 마주하게 되었다. 엄청
꼬장꼬장한 사람일 줄 알았는데 인상은 옆집 아저씨였다. 하지만

이야기를 나눌수록 원칙과 가치에 충실한 분이라는 느낌을 받았다. 그리고 서울에서 활동하지 않고 광주전남을 계속 지켜온 점도 인상 깊었다. 사람이든 단체든 서울로 오고 싶어 하고 서울에서 이름을 날리고 싶어 하는 게 보통인데, 이분은 그러지 않았다. 왜 그랬을까? 시민단체의 수도 적고 보수적인 지방에서 정부를 감시하는 활동이 힘들지 않았을까? 이런 궁금증이 들었다.

부조리를 겪고 우리는 항상 힘이 없어서 어쩔 수 없었다고 말한다. 해본들 무엇하리, 그러다 나만 피해 보는 게 아닐까, 이런 망설임과 두려움은 우리가 직접 행동에 나서는 걸 어렵게 한다. 사람이라면 누구나 가질 수 있는 감정이기에 그런 감정이 생기는 것 자체는 문제가 아니다. 문제는 그 다음이다. 망설임과 두려움 때문에 눈을 감거나 한발 물러날 것인가, 아니면 눈을 뜨고 한걸음 다가설 것인가? 이 대목에서 필요한 게 용기인데, 그게 쉽게 생기지 않는다. 용기보다는 외면이 낳은 냉소가 또 다른 부조리를 방관하게 한다. 다른 사람들은 비슷한 상황에서 어떻게 대처했을까? 그럴 때 찾게 되는 게 사례다. 특히 개인이 아니라 정부나 기업처럼 강한 상대와 맞서야 할 때 시민은 어떤 방법을 쓸 수 있을까? 정말 법과 제도가 시민에게 용기를 주는 무기가 될 수 있을까?

이상석 선생님이 걸어온 길은 이런 질문들에 답을 줄 수 있고 다른 이들에게 용기를 줄 수 있다고 생각했다. 그래서 인터뷰를 시작했다.

예산감시운동은 보수적인 운동이다

인터뷰를 진행하면서 '이상석식 접근법'의 몇 가지 중요한 의미를 깨달았다.

가장 먼저, 인터뷰에서 몇 차례 반복된 말이 예산감시운동은 보수적인 운동이라는 말이다. 우리가 지향하는 바와 가치를 중앙/지방정부가 받아들이도록 요구하는 활동이 아니라, 정부가 스스로 정한 기준과 법을 지키라고 요구하는 활동이라는 의미다. 그래서 신나고 재미난 활동이라기보다 지루하고 끈질긴 활동이다. 예산감시운동은 엄청나게 재미있는 활동은 아니지만 꼭 필요한 활동이다.

지금 한국 사회에서 예산감시운동이 갖는 중요성은 더 크다. 민주화가 되었다고 하지만 중앙/지방정부들은 세금을 허투루 사용한다. 청와대나 국회, 중앙 행정부처들의 특수활동비처럼 여러 이유를 들어 공개조차 되지 않는 돈이 있고, 공개되는 것도 제대로 된 계획이나 증빙자료 없이 단체장이나 공무원들의 쌈짓돈처럼 사용된다. 수백, 수천억 원의 예산이 들어가는 개발사업이 주민들도 모르는 채 진행되고, 인허가권을 둘러싼 비리가 끊이지 않는다. 그래서 지난 민선 5기 단체장의 10퍼센트가 구속되었고, 민선 6기에서도 단체장 245명 중 50여 명이 재판을 받거나 사법처리되었다. 여전히 부정과 부패는 우리의 일상이다. 이런 부정과 부패를 감시하는 것이 예산감시운동이고, 1991년에 부활된 지방자치제도는 내가 사는 지역부터 감시하도록 길을

열어주었다. 민주화가 되면서 정보공개청구처럼 시민들이 쓸 수
있는 방법들도 생겼다. 하고자 의지를 품는다면 누구나 예산을
감시할 수 있다.

이렇게 지방자치제도가 예산감시운동의 불씨를 지폈다면, 어떤
점에서 '거버넌스'[1]는 그 불씨를 꺼트렸다. 민·관 협치라 불리는
거버넌스 자체가 문제라는 건 아니다. 문제는 거버넌스로 인해
좁아진 민(民)과 관(官)의 거리가 비판과 감시, 견제라는 시민사회의
기본 기능을 방해하고 있다는 점이다. 아무리 좋은 시장과 훌륭한
군수가 등장해도 공직사회를 움직이는 부조리한 관행들은 쉽게
사라지지 않는다. 그런 점들은 쉽게 바로잡히지 않고 원래 그랬다며
어쩔 수 없다며 묵인되는 일도 많다.

정부가 법과 제도를 지키지 않아도 그 문제를 지적하고 따질
사람이나 단체가 사라졌다는 점은 나라의 근간을 흔들 수 있다.
감시와 비판이 줄어드니 민주화 이후에도 부패의 고리는 더욱 크고
깊어졌다. 이 책에 나오듯 지금도 지방정부와 기업, 지역 언론, 대학
등이 얽히고설켜 세금을 빼먹는다. 반면에 주민들은 자기가 사는
곳에서 무슨 일이 벌어지는지 잘 모른다. 나중에 계획이 발표되고
나서야 분노하는데, 그때는 이미 일을 막기 어렵다.

부조리한 관행과 부패의 고리가 일상을 조금씩 갉아먹는 동안

---

1 governance, 사회 내 다양한 기관이 자율성을 지니며 함께 국정 운영에
   참여하는 변화 통치 방식을 말하며, 다양한 행위자가 통치에 참여하고
   협력하는 점을 강조해 '협치'(協治)라고도 한다. 1980년대부터 대두된 통치
   시스템의 개념으로, 그 정의에 대한 학문적 합의는 아직 이루어지지 않았다.

우리는 각자 자신이 원하는 바만 따지는 시대를 살고 있다.
시민운동을 비롯한 온갖 대안들이 소위 '트렌드'를 따라 움직인다.
그러다 보니 폼 나고 드러나는 일에만 사람들이 몰리고 가장
기본적인 일에는 관심을 두지 않는다. 지향의 진보는 두드러지는데
근간을 지킬 보수의 위치는 사라졌다. 예산감시운동은 진보든
보수든 모두가 지켜야 할 기준을 잡는다는 점에서 중요한데, 품이
많이 들고 지루한 일이라 관심이 잘 모이지 않는다. 이상석 선생님의
활동은 한 걸음 나아가는 운동만큼 지금 내가 서 있는 곳을 지키는
활동이 중요하다는 점을 알려준다.

나와 연관되지 않은 세상일은 없다

운동은 이렇게 나와 우리가 잘 살기 위한 활동이다. 시민들과
얘기하다 보면, '그래서 뭘 하라는 거냐?'는 이야기를 자주 듣는다.
많은 사람들이 하는 착각 중 하나가 운동이 남을 위한 것이라고
생각한다는 점이다. 그런데 사실 운동은 이타적인 관점에서 타인을
위해 싸우라는 게 아니다. 세상일에서 나와 전혀 연관되지 않은 일은
없다. 우리는 바다 건너편에서 벌어지는 일들이 일상에 영향을
미치는 글로벌 시대를 살고 있다. 그러니 온전히 타자를 위한 운동은
없고, 어떻게든 그 개선된 삶이 내게도 영향을 미친다.
그러니 자신을 타자화할 필요가 없다. 내가 사는 일상, 내가
돌아다니는 길, 내가 좋아하는 풍경이 어떻게 되고 있는지를 살피는

게 중요하다. 그렇게 보면 할 일은 주변에 많다. 너무 많아 엄두가 안 날 정도다. 무엇부터 시작해야 하나? 거대한 악과 맞서는 것도 필요하지만 작은 싸움을 통해 전투력을 높이는 게 중요하다. 본문에 나오듯 공무원의 급량비, 시장과 군수의 관용차량일지, 업무추진비, 가로등 예산, 학습준비물 예산 등 건드릴 곳은 많다. 그러니 세상이 안 바뀐다며 낙담하지 말고 주변을 찬찬히 살피는 게 중요하다.

이상석 선생님은 삼품을 강조한다. 손품, 눈품, 발품을 팔아야 지역이 바뀐다고 말한다. 누가 대신 나서서 바꿔줄 수 없는 문제들이 많다. 내가 직접 자료를 찾고, 검색하고, 돌아다니면서 챙기면 느리지만 서서히 지역사회가 바뀐다. 여전히 살아가기 힘든 한국 사회이지만 달아날 수 없다면 이곳에서 뭔가를 시작해야 한다. 그리고 하다 보면 찾아오거나 손을 내미는 사람들을 반드시 만날 수 있다.

아무것도 하지 않으면 세상은 조금도 바뀌지 않지만 뭐라도 하면 아주 조금이라도 세상은 바뀐다. 이 책에서 얘기하는 것처럼 한 주에 한 번, 최소한 한 달에 한 번이라도 지방자치단체 홈페이지를 방문해 내가 사는 지역에서 무슨 일이 일어나고 있는지 살펴보자. 그러면 분명 뭔가 바뀐다. 이 책에서 '시민 이상석'이 보여주는 건 그런 희망이다. 우리가 힘을 모으면 한 번에 정부를 바로잡을 수는 없더라도 비슷한 부정과 부패가 반복되는 건 막을 수 있다. 그런 노력이 뭉쳐지면 세상이 조금씩 나아진다. 혼자 고독하게 맞서는 것도 필요하지만 같이 맞설 수 있는 동지들을 만나는 것만큼 즐거운 일도 없다. 사람들과 협업하는 것이 마냥 즐겁지는 않겠지만 험한 세상에서 믿고 등을 맡길 사람이 있다는 건 참으로 행복한 일이다. 늦었지만 이상석 선생님과 나의 만남도 그런 의미가 아닐까?
그렇다고 치열하게 부딪치는 삶을 낭만적으로 이상화시킬 생각은
없다. 연일 언론이나 SNS에서 화제가 되는 사람들은 관심을 받고
그만큼 영향력도 생긴다. 책이나 물건도 팟캐스트에서 다뤄지면
판매량이 뛰고 모금도 금방 이뤄진다고 할 정도로 매체의 영향력이
강하다. 분명 그 사람들도 한국 사회에서 중요한 역할을 맡고 있다.
그러나 그렇게 드러나지 않고 자기 자리를 지키며 활동해 온
사람들이 있기에 한국 사회가 조금은 덜 나빠진 상태로 지금까지
유지되어 왔다고 나는 생각한다.
그래도 티도 나지 않는 일을 어떻게 오래할 수 있었을까? 이상석식
접근의 또 다른 점은 믿기지 않지만 무리하지 않는다는 점이다.
무리하게 목표를 잡다 보면 반드시 힘이 들어가고 속도가 빨라지게
된다. 이렇게 많은 일을 한 사람인데 정말 무리하지 않았을까?
인터뷰를 하는 내내 믿기지 않았다. 몇 번을 물으며 확인하려 했던
점은 정말 무리하지 않느냐는 것이었다. 십 몇 년을 같이 일한 분을
찾아가서 인터뷰한 것도 그 점이 궁금해서였다(세상에, 두 사람이
비슷할 줄이야!).
역으로 생각하면 그렇게 많은 관심을 받지 않고 영향력을 행사하지
않았기에 무리하지 않을 수 있었다고 생각한다. 인터뷰에서
시민단체의 조직 구조가 바뀌어야 한다고 말하는 부분도 비슷한
맥락이다. 사회든 조직이든 한 사람이 맡는 역할이 커질수록 그
사람과 조직 모두에 부담이 가고 반드시 문제가 생긴다. 사실 권력을
감시하고 비판적으로 개입하는 사람이 늘어나면 몇몇 사람이 짐을

모두 떠안을 필요도 없다.

반면에 그렇게 짐을 나눠 질 사람이 적어지고 사회의 관심도 소수에게 집중되면 그 사회의 건강은 나빠진다. 한때 단체장의 판공비를 공개하고 지방의회 의정과 지방정부 예산을 감시하자는 운동이 일어났지만, 앞서 말한 대로 유행이 지나면서 지금은 잠잠해졌다. 그러다 보니 지방정부의 재정 시계는 거꾸로 가는 느낌이고, 아껴 써야 할 세금이 여기저기서 낭비된다. 세금이 낭비될 뿐 아니라 필요 없는 사업 때문에 여기저기 땅이 파헤쳐지고 주민들의 삶과 괴리된 흉물스런 건물들도 들어선다.

이렇게 고생만 하려고 활동을 시작했나, 막아도 막아도 계속 밀고 들어오는 개발사업들을 어떻게 해야 하나, 이런 고민을 하다 보면 의지를 가진 사람들도 우울해진다. 그래서 우리에겐 우울함을 풀 해우소가 필요하다.

한 사람의 행복에 대해 생각한다. 인간 이상석의 삶은 훌륭하기 그지없지만 그 삶은 행복했을까? 적절한 활동비를 지급받고 언론의 주목을 받으며 대중의 관심과 사랑을 받았다면 어땠을까? 기본을 지키는 활동이라는 것이 쉬울 것 같지만 어떤 면에서는 많은 부분을 포기하는 것이기도 하다. 그래서 '활동가 이상석'의 모습은 좀 쓸쓸해 보이기도 한다.

인터뷰를 진행하는 내내 이상석 선생님은 누가 내 활동을 궁금해 하겠냐며, 이런 책을 누가 사서 읽겠냐고 걱정했다. 그게 그냥 걱정일 뿐이었다는 점을 독자들이 알려주면 좋겠다. 이제 같이 걷겠다고 손을 잡아 주면 좋겠다.

1장. 예산감시운동은 쇠젓가락으로 콩을 집는 일

이상석은 광주광역시의 2013년 유니버시아드대회 유치
실패 후 관련 내용에 대한 정보 공개를 청구했으나
거부당하고 이에 대한 소송을 진행했다. 2008년에 시작된
소송은 쉽게 끝나지 않았다. 광주광역시는
대회유치활동비라는 공식 예산의 사용 내역 공개를
거부했다. 유치추진위가 민간재단일지라도 시가 출연한
금액에 대해서는 사용 내역을 공개해야 한다고 법원이
판결을 내렸지만, 자료를 공개하지 않고 몇 년을 끌었다.
결국 이상석은 같은 정보에 대해 총 세 차례에 걸쳐
소송을 제기했고, 2008년에 시작된 소송은 2014년까지
갔다. 그리고 마침내 대법원이 이상석의 손을
들어줌으로써 메가 스포츠대회(대형 국제 스포츠대회)의
유치활동비 집행 내역에 대한 확인이 가능해졌다.

"자치단체나 자치단체장들이 비리라는 콩을
아스팔트에 뿌리고 다니는 거라면 우리가 하는
일은 쇠젓가락으로 그걸 줍는 거라고 했어요.
성과가 금방 나오는 게 아니라는 거죠. 성과가
금방 나오길 기대하는 사람들은 다들 정치로
가더라고요. 딱 그 일이에요. 나무젓가락으로는
그나마 콩이 잘 잡혀요. 하지만 쇠젓가락으로 콩을
집으려면 아주 집중해야 하고 힘을 쭉 빼야 해요.
제가 그 심정으로 일을 합니다."

대형 스포츠대회 유치에는 어느 정도 비용이 들까?

하승우: 제가 선생님의 명성에 대해서는 익히 들은 바가 있습니다. 한번 물면 놓지 않는다고. 지난 30년 동안 굉장히 많은 사건을 다루셨는데요, 유니버시아드대회에 관한 조사는 어떻게 시작하셨는지요? 정보를 얻는 특별한 방법이 있는 건가요?

이상석: 제가 정보를 얻는 경로는 두세 가지예요. 저는 항상 9시 반에 출근을 해요. 그리고 30분 동안 뉴스를 서핑하죠. 20년이 넘었네요. 조선일보부터 연합뉴스, 뉴시스, 뉴스1, 오마이뉴스, 프레시안까지 다 훑어보며 예산과 관련된 뉴스는 하나도 안 놓치죠. 거기가 정보를 얻는 첫 번째 경로예요. 그런데 일부 기자들은 자기가 써놓고도 무슨 말인지 잘 모르는 경우가 있어요. 한 발짝 더 들어가서 팩트 체크를 해야 하는데, 매일매일 기사를 메꿔야 하다 보니 못하는 거예요. 기사를 보면 감이 와요.
또 하나는, 제가 지방자치단체와 대립각을 세우다 보니 반대파에서 제보가 들어오는데, 그걸 가지고 확인하는 방법이에요.
세 번째는, 일반적으로 술자리에 가서 얻는 정보들이 있습니다. 술자리에서는 지나가며 흘리는 이야기들이 많아요. 저는 그걸 안 놓치고 기자들이 벽치기 하는 식[1]으로 정보를 얻어 와 추적을 하죠.

---

1   중요한 회의가 열리는 방의 옆방을 잡아 벽에 귀를 대고 듣는 것.

공무원들에게 물어보기도 해요. 광주에서 일어난 일은 전라남도에 물어보고, 전남 일은 광주에 비슷한 사례를 물어봐요. 법적인 근거가 뭔지, 법률 해석을 어떻게 하는지, 어떻게 일을 추진하는지. 그러면 공무원들이 자기 동네 일 아니라고 다 얘기해 줘요. 자기들끼리는 다 알아요.

그러니까 정보공개청구에 들어가는 건 서류로 마지막 확인 작업을 하려는 거예요. 처음엔 제보가 들어오거나 조사를 하다 일부 서류를 입수하기도 하죠. 그런데 그걸 가지고 문제제기는 못해요. 출처가 명확하지 않으니까요. 그래서 다시 정보공개청구를 해서 확인 작업을 하고 난 다음 문제제기를 하는 거예요.

유니버시아드대회의 경우는 제보를 받았어요. 그 전에 여수엑스포 일이 있어 구체적인 제보를 많이 받았어요. 여수엑스포 때는 발렌타인으로 목욕을 했다고 하니까요.

하승우: 양주로 목욕을요? 누가요?

이상석: 일부 기자들과 전세기 타고 가서 응원한 일부 시민들이죠. 심지어 모 기자는 세관을 못 빠져나왔대요, 물건을 너무 많이 사서. 이런 제보를 받고 추적을 한 거죠. 그런데 전라남도는 그때 이미 뭘 할 수 있는 상황이 아니었어요. 그래서 광주는 어떻게 되었을까 싶어 살펴본 거예요.

유치활동비 문제를 제기한 게 처음이라고 하더라고요. 이게 참 문제예요. 그리고 민간에게 받은 돈은 공개하지 말라고 하더라고요.

그래서 유니버시아드대회의 경우 기업에서 받은 100억 원 가량의 돈은 흔적도 없어요. 저희는 광주시 예산 30억하고 중앙정부에서 받은 돈만 확인한 거예요. 나머지 돈은 어디다 썼는지 누구도 모릅니다. 그 돈에 관심을 두고 추적한 사람도 없고요.

하승우: 보통 사람들이 별 생각 없이 넘겨버리는 일들을 선생님은 놓치지 않으셨군요. 처음 제보를 받았을 때 이 사건이 이 정도 규모겠구나 하는 감이 딱 오나요?

이상석: 일단은 뉴스를 먼저 모으죠. 유니버시아드대회와 관련된 것이라면 단신까지 다 모아요. 그러고 나서 퍼즐을 맞추는 거예요. 제가 그걸 참 잘해요. 자료를 정보화시키는 걸. 그리고 추적하는 것. 요걸 어떻게 누구에게 물어보면 되겠다 하는 감이 오거든요. 묘하게 천성적으로 그렇더라고요.

하승우: 경험적인 게 아니라 천성적인 거예요? 그러면 못 타고난 사람들은 어쩔…(웃음).

이상석: 하다 보니 그렇게 되었어요. 어떤 계기로 이렇게 되었는지는 잘 모르겠어요. 제가 초등학교 4학년 때부터 신문배달을 했는데, 지금도 기억나는 것이, 그때도 사건이 하나 터지면 그걸 몇 년 동안 기억을 했어요. 지금도 웹서핑을 하다가 '요거 어디서 들었는데' 하고 추적을 하면 그게 나와요. 자료는 단편적으로

나오지만, 나는 그걸 추적해서 덮어 쓰고 또 덮어 쓰고 하면 큰 그림이 나오는 거죠. 그리고 공무원에게 물어봐요. 담당 공무원이 아닌 다른 공무원들에게.

하승우: 공무원들이 얘기를 잘 해주나요? 보통 물어보면 거의 답을 안 해주던데… 외려 당신이 왜 이런 일에 관심을 가지나 짜증도 내고.

이상석: 잘 안 해주죠. 제가 활동을 처음 시작할 때는 군청이나 시청에 협력해 주는 이들이 좀 있었어요. 그리고 지금은 고수가 돼서 넘겨짚으면 다 불더라고요. 그리고 반대파가 항상 있기 때문에 물어보면 알려주죠. 또 정보 루트가 하나가 아니니까 여러 곳에 물어봐서 맞춰보는 거죠. 나름대로 하다 보니 그런 습관이 생겼어요.

하승우: 그러니까 계속 사실 확인을 하며 과거 사건과 비교해 분석하시는 거네요. 그러면서 유니버시아드대회도 뭔가 큰 게 있다는 촉이 온 건가요?

이상석: 왜 광주시가 유치활동비를 공개하라는 청구에 대해 비공개 판정을 내렸을까? 일단은 소송으로 간 거죠.

하승우: 자료를 보니, 소송을 해서 일부승소판결을 받으셨네요.

이상석: 네, 그런데 그게 국비와 시비만 공개하라는 것이었어요. 금호건설 등 기업들이 낸 건 비공개 대상이었고요. 세금만 공개한다는 게 사실 문제가 있어요. 돈이 들어올 때는 꼬리표가 있어도 나갈 때는 꼬리표가 없잖아요. 돈을 쓸 때 이건 정부 돈, 이건 기업 돈 구분하지 않잖아요. 그런데도 판결이 그렇게 났어요. 판사들이 문제인 거죠. 선출되지 않은 권력이에요. 지역에 향판(鄕判)[2]이 있었어요.

하승우: 자료를 보면 일부승소판결까지 1년 걸린 거잖아요.

이상석: 전체는 3년 걸렸어요.

하승우: 그럼 그 몇 년 동안 이 사건에만 매달리신 건가요?

이상석: 아뇨, 보통 여러 개를 동시에 하죠. 제가 일주일에 재판정에 두 번 가는 경우가 많았어요. 워낙 정보공개청구를 많이 하니까요. 뭔가 있으면 정보공개청구에 들어가고 확인 작업하고, 그렇게 해서 1년이 그냥 가요. 3년도 그냥 지나가는데요, 뭐. 그동안 일이 많고. 지금도 그렇죠.

---

2 지역법관. 2003년 도입된 지역법관제도(향판제도)는 원하는 판사에 한해 서울을 제외한 지방에 오래 머물 수 있도록 한 제도로, 지역 사정을 잘 아는 판사가 '좋은 재판'을 하도록 한다는 취지였다. 그러나 취지와 달리 토호 세력과의 유착관계 등으로 구설에 올라 결국 2014년에 폐지되었다.

보통 정보공개청구를 하는 단체가 처음 만들어지면 6개월에서 1년 정도는 성과가 없어요. 정보공개청구로 승부를 걸 때는 그래요. 이번에 '세금도둑잡아라'[3]가 만들어졌어도 당장은 성과가 없을 겁니다. 그래서 홍준표 대표를 먼저 치고 정보공개청구에 들어가서 하나 나온 거죠. 그러니까 내년 상반기 정도 돼야 뭔가가 나와요. 특히 제가 하는 건 그래요. 불편하니까 정보를 잘 안 주거든요.

하승우: 일반 시민들은 소송까지 가는 것도 어렵거든요. 그런데 어렵게 소송을 해도 실제 법원 판결이 나올 때까지 그 정도 시간이 걸리는 거네요.

이상석: 그렇죠. 짧게는 1년, 길게는 4년까지 걸렸어요. 그런데 법으로 정해진 네 가지 빼고는 모든 정보를 다 공개하도록 돼 있어요. 자치단체가 시간을 끌려는 목적으로 공개하지 않는 거죠.

---

3 2017년 11월, 이상석은 몇몇 사람들과 함께 중앙과 지방 정부의 부정부패와 예산을 감시하고 고소·고발까지 진행할 단체를 만들었다. 국회의 특수활동비 문제를 계속 제기하고, 홍준표 자유한국당 대표를 특수활동비 횡령혐의로 검찰에 고발했다.

몽블랑 만년필, 에르메스 핸드백, 52인치 컬러텔레비전의 공통점은?

하승우: 그렇다면 유니버시아드대회 유치활동비에서 기업들이 낸 돈의 사용처를 공개하지 않은 건, 민간자금이라 그런 법의 적용을 받지 않은 건가요?

이상석: 법관에게 문제가 있었던 거죠. 유니버시아드대회의 경우 FISU(Federation Internationale du Sport Universitaire)라고 하는 국제대학스포츠연맹이 주관하는데, 그 집행위원회 사람들이 다 뇌물을 받은 거예요. 유치위원회에서 몽블랑 만년필부터 에르메스 핸드백, 52인치 컬러텔레비전까지 다 줬어요. 당연히 외국인에게 주는 뇌물도 법률상 걸리게 돼 있고요. 그런데 재판장이 변호사가 제안도 안 했는데 FISU에게 이 사실을 공개해도 되겠냐고 물어볼까 그러는 거예요. 돈 받은 놈들에게 공개해도 되겠냐고 물어본다는 게 말이 되냐고 했죠. 그래서 내가 재판부 기피신청을 한 거예요. 변호사들에게 물어봤더니 선례가 없어서 모르겠다고 하는 걸 내가 그냥 해버렸죠. 그랬더니 정말 재판부가 바뀌었어요. 당시 재판장이 누구냐 하면 대주그룹 허재호 회장의 황제노역[4]을

---

4   대주그룹 허재호 회장이 비자금 조성과 탈세 의혹으로 선고받은 254억 원의 벌금에 대해 노역 1일당 5억 원으로 계산한 판결을 내려 시민의 공분을 받은 사건.

판결한 바로 그 사람이에요. 지금 민주평화당 원내대표하는 장병완의 동생 장병우라고, 당시 광주고등법원장 대리를 맡고 있었어요.

이 사람이 얼마 전에 변호사로 개업을 했어요. 제가 지나가는데 변호사 사무실이 있는 건물 앞에 롤스로이스가 있는 거예요. 그래서 빗속에서 30분을 기다렸잖아요. 누가 타고 왔나 싶어서. 이 정도면 거의 직업병이죠.

직업병 하나 더 말씀드릴게요. 할머니가 돌아가셔서 장지에 묻으러 가는데, 도로가 교행이 안 되는 거예요. 제가 장례식 마치고 다시 가서 줄자로 쟀잖아요. 줄자로 재고 설계도면을 봤죠. 차도를 배수구만큼 줄여버렸더라고요. 공원묘지를 더 조성하려고 급경사를 두고 말이죠. 재공사하느라 그 회사 많이 힘들었지요.

제가 강의할 때마다 그럽니다. 예산 감시라는 게 뭐 특별한 게 아니다. 일반적인 상식에서 벗어나 있으면 반드시 문제가 있다. 만약 특별한 조치가 필요한 경우라면 일반법이 아니라 특별법으로 보호하게 돼 있다. 상식과 관습이 굳어서 법이 된 것이니 항상 상식적으로 봐라. 어려운 게 없다. 예산을 본다는 게 숫자를 맞춰서 따져보는 게 아니다. 상식에서 벗어났으면 법을 보고, 법에 안 맞으면 불법이다.

하승우: 정말 직업병이라 할 만하네요. 말씀하신 대로 상식과 원칙을 지키면 되는데 그게 잘 안 되고 있는 거잖아요. 다시 유니버시아드대회로 돌아가서 질문 드릴게요. 왜 같은 사건에 대해

세 차례나 소송을 하셨던 거죠?

이상석: 이게 4년씩 걸린 이유가 있지요. 광주시가 유치활동비를 비공개한 게 형식적으로 잘못되었다고 판사가 판결을 내렸어요, 그러니까 다시 신청하라고. 그런데 보통 그렇게 판결하는 건 사건을 접으라는 건데, 우리는 똑같이 다시 정보공개청구를 했어요. 그러니 광주시가 끝으로 몰려버렸죠. 앞에서 얘기한 것처럼 FISU에 물어봐도 되겠느냐는 말까지 나오고.

하승우: 상식적으로 생각했을 때, 그 많은 돈이 영수증도 없이 사용되었다는 게 말이 안 되잖아요. 정부 돈을 조금이라도 받아서 사업해 본 사람들은 다 아는 것이지만, 연말 되면 정말 10원짜리까지 다 맞춰 보고하도록 돼 있잖아요. 그래서 'e나라도움'에 대한 증오가 시민단체들 사이에 만연해 있다고 해도 과언이 아닌데요. 그때 유치활동비 액수가 어느 정도였나요?

이상석: 우리가 조사를 시작하며 두 가지 사실이 밝혀졌어요. 광주시가 30억 원을 유치활동비로 썼는데, 우리가 조사에 들어가니까 3억 원이 남았다며 반납했다고 하대요.

하승우: 조사하는 것만으로도 세금 3억 원이 절약된 거군요.

이상석: 광주시가 틈을 보다가 서류를 정산할 때 반납한 거죠.

문제는 27억 원을 썼으면 일반수용비와 경직성 경비, 출장비, 월급 빼놓고 활동비로 쓴 돈이 뭔가 구별되어야 하는데 영수증이 거의 없는 거예요. 실제로 27억 원을 다 썼을까 싶더라고요.

하승우: 27억 원, 그 많은 돈이 어디로 갔을까요?

이상석: 두 가지를 생각할 수 있는데요. 하나는 완벽하게 로비자금으로 썼다는 가정이에요. 옛날에 88올림픽 유치할 때 현대그룹이 제3세계 국가에 대리점 하나씩 지어주겠다고 하고서 유치권을 땄다는 얘기가 있거든요. 심지어 위원들 호텔방 앞에 꽃도 갖다주고 뭣도 갖다주고 했다고 지금도 자랑해요. 그때와 똑같았다는 거죠. 그 증거물이 에르메스 핸드백이에요. 지금은 LED TV 52인치가 별 거 아니지만 2007, 8년도에는 어마무시한 가격이었어요. 이걸 주로 제3세계나 아프리카 쪽 국제대학스포츠연맹 집행위원들에게 준 거예요. 그 사람들에게 줬다고 다 써놨어요.
저는 에르메스 핸드백이 그렇게 비싼지도 몰랐어요. 단체 활동가가 알려주더군요. 명품 가방 중 가장 비싼 거라고. 그리고 몽블랑 만년필은 정말 볼펜 주듯 줬다는 거예요. 그뿐 아니라 검증이 안 되는 출장비도 많고요. 증빙서류가 없으니까요.

하승우: 그렇게 제대로 된 영수증도 없이 27억 원을 유치활동비 명목으로 다 쓴 거네요? 시민들은 공무원들이 이렇게 예산을 쓰는지

알까요? 놀랍네요.

이상석: 또 한 가지는, 광주시장이 당시 연맹 총회에 가서 프레젠테이션을 할 때 두 가지를 약속했다는 거예요. 김포공항에만 오면 우리가 광주까지 이동하는 비용을 다 대겠다, 선수들 체재비도 하루에 얼마씩 대겠다, 이런 식으로요. 아마 30유로씩 준다고 한 것 같아요. 그 돈이 다 시비고 세금이에요. 또 있어요. 선수촌과 경기장의 거리를 10분 안으로 다 만들겠다고 했죠. 그래서 유니버시아드 아파트를 만들었죠.

하승우: 그러면 유치활동비가 27억 원이고, 나머지 돈도 어마어마하겠네요. 그렇게 세금을 많이 쓰는 일에 시민들의 의견을 물어보기라도 했을까요? 유니버시아드대회만 유치하면 광주시가 천지개벽이라도 하는 건지. 거참, 정말 영수증이 하나도 없나요?

이상석: 10억 정도가 유치활동비로 쓰였는데, 영수증이 없고요. 나머지는 경직성 경비라고 하는 인건비, 물품 구입비 등으로 썼더군요.

메가 스포츠의 천국, 한국

하승우: 한국이 그런 대형 스포츠경기 유치에 혈안이 된 나라잖아요. 과연 다른 나라들도 그럴까요? 한국은 왜 그렇게 스포츠경기를 유치하려고 난리일까요?

이상석: 똑같은 사례가 전라남도가 유치했던 국제 자동차 경주대회 F1이에요. F1이 전 세계적으로 흑자가 나는 곳이 거의 없어요. 그래서 흔히 말하는 독재국가나 왕정국가에서 많이 하거든요. 들리는 얘기로는 그래요. 들어가는 돈이 쓰리쿠션으로 돌아온다고요. 리베이트 정도가 아니라 돈을 분할로 준다는 얘기까지 있어요. 몇십 프로 떼어 준다는 거죠. 그래서 저희가 쭉 조사를 한 적이 있었죠.

제가 한때 메가스포츠전국대책위원회 공동대표를 한 적이 있는데요. 메가 스포츠를 어떤 나라들이 신청하는지 잘 살펴볼 필요가 있어요. 보통 왕국이나 독재국가에서 유치 신청을 합니다. 일설에 의하면 비자금 창구라는 말도 있어요. 그런데 요즘은 유치 신청을 했다가도 다 반납해요. 국제대회를 아예 안 하려고 하죠. 이미 경기장이 있는 나라들이나 그 경기장을 놀리느니 하자 해서 하는 거예요. 유독 한국만 이러는 거죠.

스포츠 경기를 좋아하는 것과 실제로 스포츠 행사를 보러 그 나라로 가는 건 다른 문제예요. 요즘 영상매체로 보지 누가 직접 가서 보려고 해요. 슬로모션도 안 되고, 돌려보기도 안 되고. 집에서 선명한 화질의 TV로 보는 게 제일 좋죠. 그러니 메가 스포츠대회 유치에 열을 올리는 건 못사는 나라 콤플렉스에서 비롯된 거라고 할 수 있어요.

인천시의 경우 아시안게임 끝나고 부채비율이 39.9퍼센트까지 올라갔어요. 그래서 자산을 다 팔았잖아요. 부채비율이 40퍼센트면 중앙정부가 개입하게 돼 있거든요. 이제는 인천시가 팔 게 별로 없어요. 부도나는 상황이었고, 국가가 개입할 수준이었는데 안 했죠. 그리고 지금 유정복 시장이 지방선거 때문에 자산을 막 팔고 있죠. 32퍼센트까지 낮추려고. 인천만 그런 게 아니에요. 그다음이 부산이고, 대구, 광주, 광역시가 다 그래요.

하승우: 저도 국제스포츠대회 유치의 문제점을 계속 느끼고 있는데요. 사실 메가 스포츠대회 유치는 단체장이 자기 임기 때의 치적사업을 위해 세금을 막 쓰는 거라고 할 수 있잖아요. 시민들은 그것도 모르고 우리 시의 이름이 외국에도 알려지는구나, 관광객이 엄청나게 많이 와서 지역 경제도 살아나겠구나, 이런 식으로 세뇌당하는 거죠.

이상석: 메가 스포츠대회만이 아니라 지역 축제도 마찬가지예요. 제가 함평나비축제 7년 치를 조사해 봤는데요, 그건 영수증까지 다 봤어요. 축제를 통해 얻을 수 있는 게 없어요. 요즘은 먹는 물까지 다 가져오거든요.

하승우: 그러니까 메가 스포츠 유치론자들이 줄곧 얘기하는 게, 실질적 경제효과는 없더라도 인지도가 높아지고 뭐가 높아지고 해서 무형의 효과가 있다는 거잖아요.

이상석: 아니, 자본주의 사회에서 무형이라고 할 게 뭐가 있답니까. 돈을 투자했으면 뭐가 나와야지. 또 하나, F1 사업에 대해 군산대학 김현철 교수(통계컴퓨터과학과)와 조사를 했는데요. 통계청에 올라가는 보고가 가장 정확하거든요. 나머지는 다 가짜예요. 예산을 조금이라도 더 타내기 위해 인구가 얼마 늘었고 도시가 팽창할 거라고 얘기하지만, 실제로는 숙박업소를 조사하면 금방 나와요. 숙박업소의 매출액과 증가 속도를 보면 알아요. F1을 보면 하나도 안 늘어났어요. F1에 가장 사람들이 많이 몰렸을 때가 언젠지 아세요? 〈강남스타일〉 부른 싸이가 내려온다고 한 날이에요. 그때 꽉 찼어요. F1 자체는 아무 의미가 없는 거죠.

하승우: F1도 끝까지 물고 늘어져서 성과를 얻으신 거죠? 추진 과정에서 예산을 부당하게 집행하고 업무상 배임을 했다고 박준영 전 전남지사부터 열한 명을 검찰에 고발했다고 들었어요.

이상석: 처음부터 끝까지 물고 늘어져 봐야겠다, 이런 생각을 하는 건 아니에요. 그냥 끝까지 가면 되겠지 생각하는 거죠. 예산 감시 활동에서 가장 중요한 게 예단하지 않는 거예요. 결과가 어떻게 나올 것이다 하고 미리 단정하지 않아요.

또 하나, 시간인데요. 얼마나 걸릴지 아무도 몰라요. 애걸복걸한다고
될 문제도 아니고요. 재판의 판결이라는 걸 인정해야 한다고 하는데,
저는 인정 못하겠는 판결은 절대 받아들이지 못하겠더라고요.
팩트는 내가 쥐고 있는데, 그걸 무시하고 지들 마음대로 판결을
내려버리니까요. 그러니 시간을 넉넉하게 잡고 가야죠.

그래서 예산 감시는 엉덩이가 가벼운 사람은 잘 못합니다. 또 언론에
자주 오르내리는 사람도 예산 감시 못합니다. 하나는 조급하기
때문이고, 다른 하나는 관계가 많이 얽혀 있기 때문이지요. 그런
면에서 남자보다 여성들이 훨씬 잘할 수 있어요.

제가 예산 감시 문제로 지방정부와 싸우려고 단체를 모델로 처음
만든 거예요. 순천시에서는 '참여자치시민연대'를, 광주광역시에서는
'시민이만드는밝은세상'을 여러 분들과 함께 만들었어요. 그런데
원칙을 '회원들의 회비로만 움직인다' '회원을 공개하지 않는다'
이렇게 세웠어요. 작은 지역사회에서는 사람을 공개하면 죽은
삼촌까지 동원해 인맥관계로 치고 들어오거든요.

부패한 권력을 겨냥한 스나이퍼 조직을 만들다

하승우: 그래서 제가 이 단체는 저격을 위해 만들어진 단체라고 했지요(웃음). 내부 구성원을 공개하지 않는다는 게 단체 정관에 들어 있더라고요. 외부로는 드러낼 사람만 드러낸다고.

이상석: 대표와 저만 공개했어요. 제가 지금까지 운동하면서 하고 싶은 것과 하기 싫은 것을 명확히 정리했어요. 하고 싶은 것은, 한번 가면 끝까지 갔으면 좋겠다, 걸린 놈은 끝까지 파헤치겠다, 이런 다짐이고요. 하기 싫은 건 돈 만드는 일이에요. 돈 만드는 일은 잘 못하겠더라고요. 돈을 만들려면 반드시 반대급부를 줘야 하니까요. 그래서 애초에 단체를 만들 때 이렇게 말했어요. 나는 돈을 못 만드니 돈은 당신들이 만들어라, 한번 시작한 작업은 끝까지 가겠다, 나는 행정감시만 하겠다, 당신들은 비공개로 하겠다. 여기에 동의하는 사람들만 회원으로 받았어요.
그리고 일반회원은 없어요. 전 회원의 조직화, 전 회원에 의한 의사결정 구조를 지향했죠. 그래서 외부로 나가는 모든 문서를 이메일로 합의해 의사결정을 했어요. 디데이를 줬죠. 내일 12시에 나갑니다, 그러니 그 전에 코멘트해 주세요, 이렇게요. 성명서든 보도자료든 모두 그렇게 했고, 이의가 없으면 그대로 다 나갔어요. 또 하나, 우리 단체는 고발할 예정이라는 보도자료를 낸 적이 없어요. 고발했다고 냈죠. 그러니까 자치단체가 뒷북을 칠 수밖에 없는 상황을 만들었어요. 그리고 기본적으로 연대활동을 안 합니다. 또

대표가 합의가 안 된 이야기를 많이 할지 몰라서 대표도 한 표로 정리했고, 합의가 안 된 얘기를 외부에서 하면 제명해 버리기로 했지요. 그걸 성문화시켰어요. 그리고 대표든 저든 관계자들을 만나면 반드시 보고하도록 했지요. 이거 안 해도 제명해 버리겠다 한 거죠.

이런 몇 가지 원칙을 가지고 조직을 만들었어요. 여기에 동의한 사람만 오라는 거죠. 후원회원은 일체의 권리는 없고 의무만 있어요. 회원으로 들어오려면 전 회원이 동의를 해야 하고요.

하승우: 와, 이거 완전 비밀결사인데요. 말로만 듣던 점조직. 그런데 회원들도 그런 구조에 만족하나요?

이상석: 또 하나 재밌는 건 회원들이 자기가 이 단체의 회원이라는 얘기를 못하고 다녀요. 로비 대상이 되니까. 그래서 어떤 경우 우리 단체 회원인 줄도 모르고 사람들이 막 얘기를 하기도 하고요. 회원들이 술자리에서 도는 이야기를 많이 가져와요.

하승우: 그러니까 수비에 신경 쓰지 않고 오로지 공격만 하는 단체군요.

이상석: 그래서 우리 단체는 지방정부에 그렇게 많은 위원회에도 한 번도 안 들어갔어요. 외려 정부를 비판하는 것도 참여의 중요한 방식이라 생각하고요.

하승우: 그렇게 해서 나름의 성과를 만드신 거잖아요. 지방정부와 중앙정부가 유치활동비나 업무추진비 등을 공개해야 한다는 판결을 받아내셨어요.

이상석: 업무추진비도 그렇고 임대형민간투자사업(BTL)[5]도 제가 전국 최초로 소송에서 이겼어요. 그래서 협약서를 받아냈죠. 또 자치단체와 기업이 맺은 협약도 공개하도록 대법원까지 가서 이겼어요. 그래서 새로운 판례를 만들었죠. 이상석 판례를 만들었어요. 제가 선례를 만들어놓은 게 좀 있습니다.

하승우: 엄청난 성과를 거두신 건 맞는데, 어쨌거나 거기까지 가는 데 시간이 많이 걸리네요. 평범한 시민들이 선생님처럼 할 수 있을까요?

이상석: 저와 똑같이 하라는 게 아니에요. 다만 저는 시민들이 우리 동네 돈이 잘 쓰이고 있을까 고민을 좀 해 보면 좋겠다고 생각해요. 그런 점에서 지역운동이 일본의 운동 사례를 좀 고민할 필요가

---

5 민간이 공공시설을 짓고 정부가 이를 임대해서 쓰는 투자 방식을 가리킨다. 민간이 자기 자본으로 시설을 지어 정부에 소유권을 이전하면 정부는 적절한 시설 임대료를 산정하고 지급해 시설 투자비를 보상한다. 이와 유사하지만 다른 투자 방식으로 수익형민간투자사업(BTO)이 있는데, 이 경우 민간이 시설을 지어 정부에 소유권을 이전하면 정부가 일정 기간 동안 시설의 사용권과 수익권을 민간에게 부여하고 민간이 직접 시설을 운영해 비용을 처리한다. 이용률이 낮아 투자금을 회수하기 어려울 경우 정부가 보조금을 지급해 운영수입을 보장한다.

있어요. 일본은 중앙운동은 잘 못하잖아요. 대신 '우리 동네 가로수를 연구하는 모임' '하천을 연구하는 모임' 이런 건 많거든요. 이런 걸 좀 본받아서 총무과만 감시하는 조직, 인사과만 감시하는 조직 같은 걸 만드는 거죠. 또 공무원들이 출장은 잘 다녀왔을까 이런 것도 고민하는 거예요. 아니면, 나는 시장의 차량만 감시하겠다, 또는 관용 차량은 어디서 고칠까, 얼마나 탔을까, 하이패스는 진짤까 등등 이런 고민을 하는 시민들이 좀 있어야 한다는 거죠.

하승우: 시정에 관심을 가지는 시민들이 좀 있어야 한다는 거네요. 그렇지만 많은 시민들이 그런 게 내 삶과 무슨 상관이 있냐고 말하기도 하잖아요. 한국처럼 노동시간이 긴 곳에서는 참여할 시간을 만들기도 쉽지 않고, 또 괜히 나섰다 나만 찍히는 게 아닐까 하는 두려움도 있고요. 그래서 은근히 무임승차를 바라기도 하고. 그러니 선생님이 말하는 그런 관심까지 가려면 나름의 동기부여나 징검다리가 필요할 텐데요.

이상석: 동기는 스스로 만들어야 한다고 봐요. 이게 역사적 근원이 있다고 보는데요. 한국은 완벽한 중앙집권형 국가였잖아요. 대한제국 끝나고 미군정이 시작되며 지방자치제도가 잠깐 들어왔다 박정희가 권력을 잡고 난 뒤 폐지됐고요. 그러다 보니 너무 오랫동안 '무관심'이 우리 DNA에 각인되어 있기도 했고요. 보통 세계적으로 국민소득이 2만 달러 정도 가면 시민들이 환경에 관심을 갖더라고요. 그리고 2만 달러 넘어가면 자기가 낸 세금에

대해 관심을 갖고요. 일본이 대표 사례라고 보는데요. 부가세 1퍼센트 올리는 걸로 정권이 흔들흔들하잖아요. 한국도 이제 그 물꼬가 서서히 터지고 있다고 봅니다.

그래서 저는 이 운동을 그만두기 전에 선례를 좀 남기고 싶어요. 예산감시운동의 1세대는 예산 감시 네트워크의 틀을 잡은 오관영 씨 같은 분이고, 저는 예산 감시를 구체적으로 실현하고 전국화한 1.5세대 정도라고 생각해요. 그런데 이걸 동네에서 끝까지 해 본 사람이 없어요. 저도 동네에서 하다가 광주로 스카우트되어 올라온 거고요. 저는 특정한 사안이 아닌 일반적인 예산 낭비를 감시하는, 그것도 지역에서 그런 일을 하는 선례를 만들고 싶어요. 또 이들의 연대체가 만들어지면 좋겠고요.

너무 빨리 온 주민참여예산제도

하승우: '예산' 하면 많은 사람들이 전문가의 영역이라고 생각하는 데에서 오는 어려움이 있겠군요.

이상석: 그런데 회계사도 지방정부 예산은 잘 몰라요. 몇 가지 다른 형식이 있고 용어도 다르고… 그러니 숫자에 밝다고 예산서를 잘 보는 게 아니라는 거죠. 시민들이 생각해야 할 첫 번째는, 예산서는 숫자가 아니라는 거예요. 약속한 대로 잘 썼는지 아닌지를 확인하는 과정이죠. 그리고 그다음 단계가 시민들이 예산을 만드는 참여예산일 텐데요. 이건 예산에 가치를 부여하는 과정이에요. 그런데 지금 참여예산으로 너무 빨리 갔어요. 참여예산은 반드시 필요한 과정이니 계속 보완을 해 나가야 할 테지만, 애초에 약속한 대로 법규에 맞게 돈을 쓰고 있는지 감시하는 움직임이 먼저 일어나야 한다고 저는 생각해요.

하승우: 예산 감시는 느슨하게 이루어지는 상태에서 주민참여예산으로 바로 들어가버렸다, 이런 말씀이시네요. 저도 요즘 비슷한 고민을 하고 있습니다. 다들 주민참여예산제의 긍정적 효과만 얘기하지 예산 감시의 필요성에 대해서는 얘기하지 않는 것 같다는, 어쩌면 운동이 좀 쉬운 길로 가고 있는 건 아닌가 하는 생각이 들어요.

이상석: 예산에 가치를 부여한다는 것은 지금 그 돈을 거기에 꼭 그렇게 써야 하는가에 대한 자문자답을 해 보는 거예요. 그런데 지금은 그런 과정이 별로 없어요. 그냥 편성된 예산에 대해서는 의미가 있다고 생각하는 거죠. 저는 강의를 하러 가면 항상 이렇게 말해요. 예산감시운동은 보수운동이다. 법을 잘 지키자는 것이니 보수운동이다. 기본은 법을 잘 지키는 거다. 나는 보수적인 사람이다.

하승우: 예산이 규정과 원칙대로 집행되고 있느냐를 보는 것이 기본이라는 거죠?

이상석: 네, 그것부터 봐야지요. 예산 편성을 어떻게 할 것인가는 그다음 차원이에요. 그런데 한국은 참여예산으로 너무 빨리 넘어갔어요. 그래서 저는 지금도 예산 감시와 관련된 교육을 해요. 단체 사무실이 있는 광주에서 예산 강의를 두 시간씩 무료로 진행합니다.

하승우: 그러면 예산 강의를 하기 전에는 어떤 일을 하셨어요? 처음부터 지방정부 예산서를 좀 살펴봐야겠다, 이런 생각을 하셨던 건가요?

이상석: 예전에는 온갖 문제 연구소의 소장을 했죠. 카메라가 뜨면 마이크를 항상 들이대는 사람. 심지어 모 방송국에서는 아예 제가 질문을 쓰고 제가 답변하는 걸 15분씩 생방송을 했어요. 깊이는

없으나 모든 걸 얘기할 수 있는 사람이었죠. 그래서 제가 백화점식 운동을 했죠. 권력감시운동 한다고 교통 문제도 풀어 봤고, 탈춤 강사도 했고, 민요 강사도 했어요.

YMCA에서 일할 때 일이에요. 순천시청 주변 도로에 주차된 차들이 항상 너무 많은 거예요. 그래서 조사를 했지요. YMCA는 시민들에게 자원봉사증을 끊어줄 수 있으니 자원봉사자들을 동원해 한 시간에 한 번씩 돌며 시청 주변 차량을 조사했어요. 그 전에 먼저 순천시청 공무원들의 차량 목록을 다 갖고 있었고요. 예산감시운동을 본격적으로 하기 전에도 그렇게 필요한 자료는 미리 찾아놓고 직접 조사 활동에 들어갔어요. 알고 봤더니 시청 주변에 주차된 차들이 전부 공무원 차들이더군요. 시청 주차장은 말할 것도 없고요. 시청 공무원들에게는 주차비가 일부 지원돼요. 10분만 걸어가면 지원금으로 주차할 수 있는 공용주차장이 있는데, 거기에 주차하지 않고 도로변에 주차했던 거예요.

그렇게 몇 번 했더니 시청 내 방송이 나왔대요. 누가 조사하고 있으니 얼른 차 빼라고. 그 뒤로 YMCA 이사를 통해 압박이 들어왔고요. 그렇게 YMCA를 다니다 그만뒀어요. 저는 공고 졸업 후 대학 진학을 못했는데, 정식 간사가 되려면 대학 졸업장이 필요하더라고요.

그러니 처음부터 예산 감시를 한 건 아니에요. 권력 감시의 일환으로 예산을 본 건데, 그러다 보니 권력을 바로 세우려면 예산을 봐야겠다는 생각이 저절로 들더군요. 그래서 처음 살펴본 게 시 체육회예요. 지역에 가면 건달들 뭐 이런 사람들이 많거든요. 시

체육회를 살펴보며 확신을 더 갖게 되었죠. 그리고 조직을 순천에서부터 키웠어요. 지방권력과 싸우려면 조직의 틀을 이렇게 잡아 나가야겠구나 하는 생각이었고, 그 완성체가 광주예요.

하승우: 권력 감시를 하다가 예산이 주요한 무기가 되겠구나, 이렇게 생각하시게 된 건가요? 자연스럽게?

이상석: 그리고 그때는 예산감시운동을 많이 안 했어요.

하승우: 그게 몇 년도인가요?

이상석: 2001년인가 그래요. 1996년부터 예산 감시 얘기가 있었는데 그게 지방까지는 많이 안 내려왔어요. 당시 자료 싸들고 서울 올라가 예산감시운동을 하던 '함께하는시민행동'도 만나고 공익변호사 그룹 '공감'도 만나고 하면서 시작한 거죠.

하승우: 권력이 주로 돈과 맞물려 있고, 그러다 보니 어려움도 많았을 것 같은데요. 특히 돈 문제는 민감하잖아요. 그래서 자료도 제대로 공개되지 않는 경우가 많은데, 어떻게 하셨어요?

이상석: 이 일을 하며 어렵거나 불편했던 점이 바로 필요한 서류를 원 없이 볼 수가 없다는 거예요. 그래서 국회에 들어가 볼까 하는 생각도 했었어요. 왜냐하면 권력기관 밖에서 제가 볼 수 있는 자료는

제한돼 있으니까요. 저들이 무슨 서류를 어떻게 갖고 있는지 제가 알수가 없죠. 그런데 국회와 연결되면 원하는 서류를 맘껏 볼 수있겠구나, 그런 생각을 했죠. 마음껏 자료를 볼 수 없다는 점이 가장힘들어요. 나머지 돈이 없고 사람이 없고 하는 건 일반적인문제니까요.

하승우: 다른 문제를 건드리면 대충 무마할 수 있는데, 예산을건드리면 아주 민감할 수밖에 없잖아요. 돈 문제니까 바로 법적책임을 져야 하고. 그러니까 어떻게든 상대방을 누르려 할 텐데요.

이상석: 저는 아무것도 안 해요. 힘 빼고 하는 거죠. 단시간에 뭔가예측한 대로 답이 나올 수도 있지만 안 나올 수도 있으니까 던지고기다리는 거죠.

하승우: 낚시네요. 그런데 정말 기다리기만 하면 답이 나오나요?마냥 기다릴 수도 없는 노릇이고.

이상석: 힘을 빼고 있어야 해요. 힘이 잔뜩 들어가면 몸이 경직돼 안풀리지요. 힘을 빼고 기다리는 거예요. 왜냐하면 이걸 시작하기 전에제보와 단편적인 서류나 인터뷰를 통해 이미 문제가 있다는 사실은확보해 놓은 거니까, 그걸 확인하기 위해 정보 공개를 하는 거니까요.제가 무작정 정보공개청구에 들어가는 것 같지만 사전에 다정리해서 문제 있는 쪽만 들어간 거예요. 그러니 기다리면 되죠.

하승우: 그런데 저쪽이 압력을 행사하거나 그럴 수도 있잖아요. 기다리다 보면 오히려 문제를 일으킨 쪽이 손을 쓸 수도 있을 것 같은데요.

이상석: 설령 압력을 행사한다고 해도 우리 단체에서 공개된 사람은 대표와 저밖에 없으니까요. 게다가 전 로비가 안 통한다고 소문이 나서 괜찮아요.

하승우: 혹 실제로 로비 시도가 있었나요? 어떤 로비가 있었나요?

이상석: 돈 준다는 사람도 있었고, 사업을 챙겨준다는 사람도 있었지요. 집사람 취직시켜 주겠다는 사람도 있었고요. 물론 '당신 배엔 칼 안 들어가냐'는 협박도 있었고 '어디로 퇴근하냐'는 얘기도 들었어요. 모으면 많죠.
우리 집 전화번호가 20년 정도 되었는데 전화번호부에 등재도 안 하고 외부 사람들에게 절대 안 알려줬어요. 핸드폰이 있으니 그나마 최근에는 아예 없애버렸고요. 그리고 10여 년 동안 밥도 사무실에서 해 먹었어요. 공무원들이 사무실 와서 항상 하는 얘기가 '밥 먹자'니까. 엄청나게 로비가 많이 들어와요. 그래서 나가서 밥을 안 먹어요. 어떤 때는 잘 아는 시민운동 선배들에게 그런 로비가 들어오기도 해요. 한번은 선배들이 불러서 가 봤더니 공무원들이 앉아 있더라고요. 그래서 식사비용을 n분의 1로 계산해 지불하고 나온 적도 있어요.

하승우: 그런 사례만 정리해도 책 한 권 나오겠네요. 저는 얘기만 들어도 머리가 아프고 두렵고 그런데, 보통 그런 시도들에 의연하게 대처하시는 편인가요?

이상석: 의연하게는 아니고 그냥 신경을 안 써요. 솔직히 2014년까지는 죽는 게 겁이 안 났어요. 처음 운동 시작할 때, 지금만큼이라도 좋은 세상이 빨리 오리라는 생각을 한 번도 안 했어요. 지금도 단체에서 돈을 조금 주면 좋고 고맙고 그래요. 전에는 라면 끓여 먹으면서도 사회를 바꾸겠다는 의지가 있었으니까요.

하승우: 저는 요즘 그런 생각이 들더라고요. 그렇게까지 해서 사회를 바꿀 수는 있겠지만, 정작 그렇게 애를 쓰는 나는 행복한가? 운동을 하면 할수록 인정을 받고 관계가 늘어나는 게 아니라 외려 인간관계가 더 좁아진다고 할까요. 동창회나 이런 모임들도 꺼리게 되고, 편하게 사람 만나기도 어렵고요.

이상석: 습관이 되어 지금은 편해졌어요. 원래 사람을 가려서 만나기도 했고요. 우리는 기자들도 보도자료를 안 읽고 와서 질문하면 답변도 않고 바로 돌려보냈어요. 그러니 관계 맺는 게 쉽지 않죠. 하지만 행복하지는 않은데 불행하지도 않아요.

하승우: 이렇게까지 내 삶을 바치는데 어떤 형태로든 보상을 받고 싶다, 그런 생각은 안 드시나요?

이상석: 그런 생각은 한 번도 안 해 봤어요. 다만 가끔씩 성질 날 때는 있죠. 2005년 순천에서 제가 미술장식설치조례 건으로 모 단체의 책임자를 날려버린 적이 있거든요. 그림 그리는 사람이 조각을 수주받으면 안 되잖아요. 그런데 사업을 따와서는 조각하는 사람에게 하청을 줬더라고요. 그때 조례를 바꿨죠. 심사위원 30명을 무작위로 뽑되 관련자는 못 들어가도록 했어요. 그런데 얼마 전에 보니 이 사람이 또 문체부 문예위원으로 들어가 있더라고요. 나름 똑똑하다고 생각하는 사람들은 다들 정치 쪽으로 가는 것 같아요. 저는 부족하니까 그럴 일이 없죠.

예전에 순천시장 퇴진하라고 1인 시위를 45일 동안 한 적이 있거든요. 2001년도인가, 그때는 아침 8시부터 오후 6시까지 했어요. 1인 시위를 어떻게 하는지도 모르고 시작한 거였어요. 나중에 보니까 하루에 한 시간만 해도 되더군요. 우리는 그러면 안 되는 줄 알고 3, 4월에 눈 와서 동상 걸릴 정도로 했어요. 결국 시장은 사퇴했고요. 사람들이 제가 시장 세 명을 쫓아냈다고 하는데, 실제로는 검찰이 다 잡아들인 거죠. 순천에서는 공무원들이 모여 대책회의를 가진 것까지 그다음 날이면 다 제 귀에 들어왔어요. 재밌는 건 그런데도 단체들이 시청과 잘 싸우려고 안 한다는 거예요. 그래서 우리 단체만 유일하게 시장 구속하라는 성명서를 낸 적도 있었고요.

하승우: 예산을 가지고 지방정부에 문제를 제기하는 것까지는 시민들이 할 수 있겠다 싶어요. 하지만 진짜 어려운 일은 그 뒷일이잖아요. 아까 말씀하셨다시피 문제를 제기했다가 해코지당할

수도 있고요. 싸운다고 옆 사람들이 항상 도와주는 것도 아니고, 때로는 믿었던 사람이 등을 돌리기도 하고요.

이상석: 저는 제가 하는 게 완벽한 모델이라고 생각하지 않아요. 하나의 방법인 거죠. 다만 저는 한번 시작하면 끝장을 보고 부조리를 아작 낸다, 이런 기본 패턴을 만든 거죠. 제가 하는 일의 패턴은 세 가지예요. 일단 정보 공개를 하고, 불법이 있으면 고발하고, 자료를 안 주면 소송한다. 이렇게 패턴을 정리하고 시작했어요. 중간에 일이 엎어지는 걸 너무 많이 봐서.
정보공개청구만 하는 게 아니라 허위 공문서 작성이나 직무 유기로 소송을 걸기도 해요. 일반인이 이렇게 가기는 어렵죠. 일반인은 문제제기하는 것만으로도 의미 있다고 봐요. 예산 강의를 가면, 어떤 사안을 꼭 밝혀서 고발하는 것만이 중요한 게 아니라 있는 사실을 군더더기 없이 일반인에게 공개해 주는 것만으로도 의미가 크다고 말해요. 왜냐고요? 반대파는 항상 그 사실을 기억하게 되니까 그 자체로 의미가 있다고 생각해요. 꼭 자기 생각을 넣어서 몇 조 몇 항을 위반했다고 해석을 안 해도 된다고 봐요.

하승우: 저도 강의할 때 그냥 관공서에 문제제기만 하시라, 공무원들에게 전화만 하시라, 그러면 마음대로 못 할 거다, 그렇게 얘기해요. 특별한 문제가 있고 관련 담당자가 나빠서 발생하는 문제도 있지만 아무도 관심을 두지 않아서 독단적으로 처리하다 생기는 문제들도 있거든요.

이상석: 저는 우리 단체가 존재하는 것만으로도 공무원들에게
위기감을 줄 거라고 했어요. 존재하는 것만으로도 의미가 있죠.
자기들이 돈을 어떻게 쓰고 있는지 시민들이 주의 깊게 보고 있다는
사실만으로도 공무원들은 조심할 수밖에 없어요. 왜냐,
자치단체장은 길어야 12년이지만 자기는 직장생활을 30년 넘게
해야 하니까요. 사실 파면행위는 공무원 사회에서 무서운
일이거든요. 그리고 점수제에서 한 번 누락되면 승진을 거의 못해요.
그러니 민원에 신경을 쓸 수밖에 없죠.
앞에서 우리 단체를 스나이퍼라고 했는데, 정말 그래요. 우리는 일단
일을 시작하면 끝장을 보자는 주의예요. 제가 단체를 그만두겠다고
하니까 회원들이 쉬었다가 다시 오라고 하더군요. 실제로 제가
뇌출혈로 쓰러졌을 때도 복귀할 때까지 6개월을 기다려줬어요.

하승우: 제게 주신 자료들을 보면 큰 사안도 많고 자잘한 것들도
많고, 정말 많은 일을 하셨어요. 지금까지 예산과 관련해 그런
문제들을 제기해서 세상이 조금씩 나아지고 있다고 판단하시는
거죠?

이상석: 그럼요. 공무원들이 공적인 협조를 받기 위해 해외 출장에
관련 전문가 등 민간인과 동행하는 경우가 있거든요. 그때 사용하는
예산이 민간인해외여비라는 항목으로 있어요. 이걸 예전에는
공무원이 받아서 일괄 지불했는데, 그게 불법이에요. 민간인
개인에게 지급해서 그 개인이 쓰도록 해야 하거든요. 예전에

순천시에서 민간인해외여비를 KBS 기자에게 취재지원금으로
지원한 일이 있어서 담당 공무원들이 전부 재판정에 간 적이 있어요.
제가 일을 하며 사문화된 법들을 몇 개 살렸죠. 또 하나가 드라마
세트장과 관련된 일인데, 일정 금액 이상의 사업은 투자심사를 안
받고 넘어가면 문제가 돼요. 그런데 그게 법만 있고 실제로 문제가
된 적이 없는 거예요. 그걸 제가 법대로 되게 만들었죠.

하승우: 어떻게 보면 선생님이 하신 일들은 좀 큰 사안들이고요.
일반 시민들이 관심을 갖고 참여하기엔 어떤 일들이 좋을까요?

이상석: 앞에서 말씀드렸듯이 '이 돈을 왜 이렇게 쓰셨어요?'라고
물어보는 것만으로도 의미가 있어요. 개인이 일일이 예산서를
뒤지고 조사할 게 아니라 잘 아는 사람에게 물어봐도 되고요. 아니면
우리 같은 시민단체에게 물어봐도 됩니다. 개인이 제도를 바꾸거나
고발하거나, 이렇게 하는 건 어려운 일이라고 생각해요. '왜 그게
맞습니까?'라고 물어보는 게 좋죠. 그렇게 물어본 적이 있는
사람이라면 그렇게 예산을 쓴 사람을 다음 선거 때는 찍지 않겠지요.
아직도 남아 있는 병폐가 뭐냐면, 정치인들이 적당히 해먹을 거
해먹어도 우리 동네 발전은 좀 시켜주겠지 하는 착각을 한다는
거예요. 그런데 우리가 어제보다 못살고 있냐고요. 어제보다 좋지
않은 반찬을 먹을 수는 있어도 지금 우리가 어제보다 못살지는
않잖아요. 저는 이게 근본적인 문제라고 봐요. 사람들이 계속
잘살려고 하는 것.

전라도 가서 그래요. 경상도 뭐라 할 것 없다고. 흑산도에 왜 공항을 만들고, 무안공항으로 KTX 노선을 왜 만드냐고요. 이거 나쁜 거거든요. 송정역에서 나주를 거쳐 무안을 가면 그게 KTX입니까, 무궁화호입니까? 거기에 1조 2000억 원 정도를 더 투자해요. 차라리 공장을 하나 짓지.

그러니까 똑같다. 욕망 덩어리다. 이명박 같은 이가 대통령이 된 것도 우리에게 숨어 있는 욕망이 표출된 것에 불과하다. 이명박 욕할 게 아니다. 우리 시민의 수준이 이명박을 찍고 박근혜를 찍는 딱 그 수준이다.

하승우: 그러면 문재인 정부는 좀 나아졌을까요? 선생님은 지금 정부를 어떻게 보세요?

이상석: 표피만 바뀌었다고 봐요. 대통령이 바뀌었다고 다 된 게 아니에요. 정부 안으로 들어가면 별로 안 바뀌었어요. 분권에서도 재정분권이 중요한데, 수직적 분권은 대통령이 의지로 한다 치더라도 수평적 분권은 어떻게 할 거냐고요. 시와 시, 군과 군 단위의 빈부 격차는 어떻게 할 것인지, 강남구와 구례군의 차이, 옥천군과 해남군의 차이는 어떻게 할 것인지 등등 이런 부분들이 정리가 안 되었어요. 이건 격론을 벌여야 할 문제거든요. 이런 일들은 시작도 안 해놓고 분권이라면 다 좋은 줄 알아요. 그러면서 지방채 발행과 관련된 제한을 완화하거나 시·도의 투·융자 심사기준 200억 원을 300억 원으로 올리겠다, 이러면 되겠습니까?

제왕적 권력을 가진 단체장들을 좀 통제해야 합니다. 그러면서 시민들의 직접통제를 강화해야 하지 않겠어요? 지금 보면 참여정부 때 혁신협의회 만들어서 돈 쓴 것과 똑같은 일을 하고 있어요. 그때나 지금이나 변한 게 없구나 생각해요.

재정을 보는 사람 입장에서는, 지방정부에게 자치권을 부여하는 게 아니라 지역민에게 자치권을 주는 게 중요하다고 봅니다. 지방자치단체를 지방정부로 바꾼다고 뭐가 좋아질까요? 국세와 지방세 비율을 8대 2에서 6대 4로 만들겠다, 그러면 뭐하나요? 자치단체가 장난을 더 쳐버리는데.

그런 점에서 지방의회의 권한을 더 강화시킬 필요가 있어요. 엄밀하게 따지면, 지방정부를 견제할 수 있는 지방의회에 훨씬 더 많은 권한을 줘야지요. 그런데 지방의회가 개판이라고 안 된다고 하죠. 그렇지만 이게 우리 정치 수준인데 어떻게 할 거예요. 중앙당이 지역당에 대한 교육도 제대로 안 하는데, 의미가 없죠. 이렇게 가면 망한다고 봐요.

이런 건 공부를 하나도 안 하면서 시험을 잘 보려는 도둑놈 심보와 똑같은 거예요. 그동안 우리가 무슨 준비를 했나요? 이게 유권자의 수준이고 정치의 수준이라고 봅니다. 자치단체장이 돈을 좀 해먹어도 우리 동네에 돈이 좀 들어오면 좋겠다고 생각합니다. 곗돈 떼먹으면 죽일 놈이 되는데 세금 떼먹으면 괜찮아요. 이게 우리 사회 분위기잖아요.

하승우: 대체 누가 이런 짓들을 공모할까요? 아마도 시민들은 누가

세금 도둑인지 궁금할 거예요.

이상석: 실제로는 세금 도둑이 아니라 도둑 아닌 놈을 찾는 게 더 빨라요.

하승우: 범죄에도 주모자가 있고 공모자가 있잖아요, 암묵적인 동의자가 있고.

이상석: 주모자는 금력이에요. 권력이 그들과 공모하고, 또 그런 공모를 방조하고 묵인하는 건 시민들입니다. 삼각동맹이죠. 그리고 거기에 협조하는 건 언론과 사법 당국이고. 그래서 저는 국회를 해산하고 사법부를 새로 뽑아야 한다고 생각해요. 요즘 제헌의회 열어야 한다는 얘기를 하고 다닙니다.

하승우: 그럼 다음에는 도둑놈들 찾는 이야기를 해보죠.

2장. 공공의 자산에 손대는 도둑은 누구인가

이상석은 2008년 광주터미널 1층이 신세계백화점의 영업장소로 이용되고 있는 문제를 지적했다. 광주시가 토지수용을 해서 개발된 터미널이 기업의 영업장소로 지정된 이유를 추궁하며 2008년 광주 신세계와 금호터미널 대표이사, 서구청장을 고발하고 '광주터미널 시민광장 회복과 부당이득 환수를 위한 기자회견'을 열었다. 고발은 무혐의처분을 받았으나 이상석은 감시를 늦추지 않고 2011년 신세계의 불법 증축을 고발했고, 2012년까지 지속적으로 신세계백화점이 1층 광장에서 영업하는 행위에 대해 '영업 관련 위법사항 행정처분 요청 및 수시 단속'을 요구했다. 결국 2013년 신세계백화점은 1층에서의 영업행위를 중단했고, 1층은 시민 휴식공간 시민광장이 되었다. 자연스럽게 터미널 주차장도 무료 주차가 가능해졌다. 이 당연한 변화를 위해 5년간의 싸움이 필요했다.

"우리는 주권을 행사하는 데 너무 어수룩하고 미숙해요. 최소한 내가 낸 세금이 어떻게 쓰이고 있는지는 알아야 하지 않겠어요? 분명히 훌륭한 사람이라고 해서 찍었는데 왜 부정과 비리가 난무할까, 그럼 조사를 한번 해봐야죠. 먹고 사는 문제에서, 내가 돈을 버는 것도 중요하지만 내가 낸 세금이 제대로 쓰이고 있는지도 잘 살펴봐야 해요. 당신 돈이면 그렇게 썼겠냐고 물어봐야 한단 말이에요."

하승우: 지금까지 엄청나게 많은 일을 해오셨는데요, 같이 일하는 사람들도 피곤하겠어요(웃음). 안타까운 점은 한국 사회에서 부패에 연루된 인물들이 하나같이 힘을 가진 자들이란 거예요. 지방자치단체 단체장, 대기업, 판사, 변호사, 지방정부 공무원들. 이렇게 힘을 가진 자들이 계속 일을 만들어서 단체의 활동가들을 과로사 시키려는 전략이 아닐까 하는 생각이 들 정돕니다. 어쨌거나 이런 일을 그만두지 못하시는 건 부패가 사라지지 않기 때문일 텐데요. 지금까지 예산과 관련된 활동만 한 건 아니라고 들었어요. 공공의 공간을 지키는 일도 하셨다고요?

공공성을 갉아먹는 부패의 삼각동맹

이상석: 신세계백화점 일은, 제보가 들어왔는데 우리 단체 운영위원 중 한 사람이 불법인 것 같다고 얘기하더군요. 그래서 당시 광주 서구청에 가서 건물 등기부등본을 떼어 봤더니 2층부터 상업시설인 백화점이고, 1층은 터미널로 되어 있더라고요. 그래서 정보공개청구를 통해 각종 자료를 입수했죠. 전국의 터미널들은 모두 개인 기업이 땅을 사서 지었는데, 광주만 독특하게도 광주시가 나서서 강제수용을 했더라고요. 명분은 터미널을 짓겠다는 거였고요. 그런데 건물이 올라갈 때부터 지금 신세계백화점이 있는 땅은 터미널 용도가 아니라 백화점 용도로 지정했더군요. 그러니까 첫 단추부터 잘못 낀 거예요. 그런 문제를

광주시의 언론과 시민사회가 눈을 감은 거죠.

지금도 가 보면 터미널 부지가 기형적이에요. 터미널은 사통팔달이
되어 개방적이어야 하는데, 광주터미널은 신세계백화점 쪽으로는
아예 들어갈 수가 없어요. 거기는 백화점 물품을 살 수 있도록 바로
백화점 지하로 들어가도록 돼 있어 아예 터미널 진입이 불가능해요.
관리도 물론 백화점이 하고요. 그래서 정보공개청구를 해서 보니,
터미널 시설인데 상업시설로 쓰고 있었더군요. 광주지검에
고발했지요. 건축법상 용도와 다르게 쓰면 건물주도 처벌을 받게 돼
있는데, 글쎄 광주지검이 처벌조항이 없다고 무혐의판정을 내린
거예요. 그래서 고민하다 행정명령을 내리게 하면 되겠다 싶어 매번
가서 불법인증 사진을 찍었지요. 그리고 광주시에 얘기했어요,
불법이니까 정리하라고. 그렇게 중간 중간 했습니다, 한 1년 걸려서.
그랬더니 광주시가 벌금을 매기겠다고 한 거예요. 그러니까 백화점
측이 치우는 겁니다.

지금도 터미널에 가면 양 가장자리로 루이뷔통, 버버리 등 명품
매장이 들어와 있어요. 여기 심의를 광주시가 아니라 광주시
서구청이 하게 되어 있는데, 서구청 교통영향평가심의위원회가 그
자리를 여행용품 판매처로 허가해 줬어요. 아니 버버리가
여행용품입니까? 그래도 거기는 허가가 난 뒤라 손을 못 댔어요. 또
다른 공간을 찾다가 이벤트 홀이라고 백화점이 세일행사를 하는
장소를 발견했어요. 세일행사를 안 할 때는 그 많은 이동 판매대가
어디로 갈까 살펴봤지요. 그랬더니 터미널 보안구역 내에 불법으로
판매대를 숨겨놓는 거예요. 제가 화장실 찾는 척하고 들어가 봤죠. 그

안에 이동 판매대가 쫙 있어요. 그래서 그것까지 다 적발해 쫓아냈습니다.

처음 신세계백화점 문제를 제기할 때 광주광역시와 서구청에서 난리가 났었어요. 서구청에서 기자들을 다 불러놓고 이상한 놈이 하나 나타났다, 그런 거예요. 그런데 기자 중 한 명이 우리에게 그 얘기를 알려준 거죠. 우스운 게, 실제 문제제기는 우리가 했지만 혜택은 언론사가 받았어요. 광주시에는 광고를 낼 만한 기업이나 공장이 별로 없어서 유통업체의 광고 비중이 아주 높아요. 신세계백화점, 롯데백화점, 현대백화점 등이 광고를 많이 하죠. 당시 언론사들이 신세계로부터 광고를 엄청 받았대요. 이 일을 다루지 말라고(웃음).

또 하나 재밌는 건, 그 땅이 터미널 부지로 강제수용되었기 때문에 무료주차를 30분 동안 할 수 있는데도 당시에 주차비를 받았다는 거예요. 우리가 문제제기를 해서 무료주차를 할 수 있게 되었죠. 문제제기 전에는 신세계백화점 이용자만 주차할 수 있었어요.

하승우: 몇 년이나 시간을 끌었고 공공 공간과 관련된 문제인데도 광주 시민들이 관심을 갖지 않았던 건가요? 터미널은 공공시설이니 그렇게 사적으로 이용되면 문제를 제기할 만한데요. 심지어 불법으로 주차비까지 받았고요.

이상석: 그 건물이 백화점 건물인 줄 알았던 거죠. 그러니까 금호가 나쁜 겁니다. 호남의 삼성이에요. 지금도 한쪽 면은 접근이

불가능해요. 바꿔야 할 게 많아요. 터미널에서 백화점으로 들어가는 통로를 확보해야 하는데, 약 45도 정도 사선으로 비껴가도록 돼 있어요. 그래서 동선이 끊어지도록 만들어놨어요. 대신 터미널 6번 게이트가 끊겨 있지요. 거기서부터 출구가 달라요. 그러니 광주시가 지금도 신세계백화점에 특혜를 주고 있는 거죠.

하승우: 애초에 그렇게 설계하도록 한 당사자는 금호건설이고, 그걸 광주시가 묵인했고, 광주 서구청은 여행용품 판매처로 명품관이 들어오도록 허용한 거네요. 거기에 이를 묵인한 언론과 시민사회, 고발에 무혐의처분을 내린 사법기관까지 다 엮여 있고요. 이 정도면 총체적 난국 아닌가요? 관련자들을 싹 처벌해도 심하지 않은 상황인데요.

이상석: 그런데 결국 저만 나쁜 사람이 되었어요. 이걸 바꾸기 위해서는 특별법이 필요해요. 전국에서 시나 도가 강제수용해 터미널을 만든 다른 사례가 없기 때문에요. 광주만 유일하게 행정기관이 그런 짓을 한 겁니다. 하나가 신세계백화점이고, 다른 하나가 어등산 개발이에요.

하승우: 어등산 개발도 비슷한 거예요? 저도 광주시 자료를 보다가 어등산관광단지 조성사업을 보고 이게 뭔가 싶었거든요. 광주시 관광진흥과가 사업 추진 배경을 이렇게 설명했더라고요. "군 포사격장으로 황폐화된 어등산 일원에 친환경적인 관광단지를

조성해 부족한 관광 인프라 확충 및 지역 관광 활성화 도모"라고. 친환경적인 관광단지도 말이 좀 이상한데, 포사격장이 있던 곳에 어떻게 관광단지를 만들겠다는 건가 생각했죠.

이상석: 어등산이 원래는 국방부 군사보호시설이고 그린벨트로도 묶여 있었어요. 이중규제가 되어 있었던 거죠. 그런데 이것도 광주시가 개발한다고 강제수용한 거예요. 그리고 업체에 그냥 준 겁니다. 광주시가 정말 나쁜 짓을 한 거죠. 지금 업체는 골프장 시설만 짓고 공익시설은 하나도 안 한 채 배 째라 하고 있어요.

하승우: 참 어이없는 일이네요. 시청이 나서서 불법을 조장하다니. 대체 왜 이런 일이 발생하는 걸까요? 기업들이 이윤을 목적으로 시청이나 구청에 로비를 해서 이런 일을 꾸민다고 봐야 할까요?

이상석: 업자는 기본적으로 이윤을 남기기 위해 접근을 하겠지요. 그렇다면 행정당국이 이를 받아들이지 않는 것이 상식이고요. 그런데 그게 안 돼요. 심지어 나중에는 사법당국이 이를 묵인하고 방조합니다. 그 과정에 향판이 나옵니다, 향판이. 판사들이 중재를 명분으로 문제제기를 무마하려 드는데, 이들이 바로 향판이에요. 지방에는 판사들이 잘 안 오려고 하기 때문에 지역에 있는 사람들을 등용하는데, 이 사람들이 지역 기업들의 로비스트 역할을 하는 거죠. 유니버시아드대회 건도 그렇고요. 그래서 제가 그때 재판부 기피신청을 했던 겁니다. 한통속이죠. 나중에 들어 보니 지역에서

로비하면 다 들어주는 사람이었다고 하더군요. 소위 평판이 너무 좋은 사람. 앞 장에서 말씀드렸듯이 대주건설 황제노역 판결도 이 사람이 내린 거예요. 유명한 향판이죠.

하승우: 토지를 강제수용해서 이런 시설을 짓는 것도 문제인데, 광주시만이 아니라 다른 지방자치단체들도 비슷하게 공공시설을 이용한단 말이죠. 요즘 민자 역사도 많이 짓고요. 새로 땅을 사서 진행하는 것도 아니고 이미 있는 건물을 리모델링하는 건데 기업이 개발했다는 이유만으로 이권을 몰아주잖아요.

이상석: 어등산 사업도 마찬가지예요. 제가 기획부동산 하는 사람들에게 맡겨 필지 전체의 지가조사를 했어요. 해 보니 2000원에서 8000원까지 다양하더라고요. 사실 광주에 그렇게 싼 땅이 어디 있어요? 그걸 강제수용했더군요.

더 재밌는 건 회사와 협약을 맺은 내용을 비공개했다는 거예요. 지방자치단체와 기업이 맺은 협약이 기업의 이윤을 보장하는 영업비밀이라고 공개하지 않겠다는 걸 제가 4년 동안 소송을 해서 대법원에서 이겼습니다. 그건 영업비밀이 아니라고. 그래서 지방자치단체와 기업이 맺은 협약을 최초로 공개받았어요. 그걸로 이상석 판례를 만들었죠.

문제는 사람들이 잘 모른다는 거예요. 그리고 정보공개법 자체도 문제가 있고요. 비슷한 사례가 있으면 그에 준해 정보를 공개해야 하는데, 안 그래요. 예를 들어 고양시에서 이긴 소송이면

수원시에서도 이겨야 하는데, 수원시에서도 똑같이 대법원까지 가야
공개되는 거죠.

그러니까 시민사회가 정보공개법을 바꿔야 해요. 공개하지 않을
경우 처벌조항도 넣고 유사 사례를 따라가도록. 이런
세부사항까지는 시민단체들이 손을 못 대고 있어요. 그런데 어떤
면에서는 안 한다고 볼 수도 있어요. 시민단체들이 자꾸 적과 동지를
구분하려고 해요. 전라도의 경우 범민주당 쪽을 자기편이라고 보는
거죠.

제가 광주에 와서 보며 느낀 건, 정말 나쁜 놈은 세상 사람들에게
좋은 얘기만 들으려는 사람이라는 거예요. 나쁜 짓을 하는 놈은 원래
나쁜 놈이니 그렇다 쳐요. 권력을 감시하고 견제해야 할 시민단체나
언론, 의회가 같은 편이라고 대충 봐주는 게 정말 나쁜 거예요.

부패를 감시할 곳은 없을까?

하승우: 봐주면 뭐가 생길까요? 시민단체나 언론은 도덕성이
생명이고 의회는 지방정부를 감시하는 것이 원래 역할이잖아요.
많은 시민들이 궁금해 하는 부분도 바로 이거라고 생각해요.
한국 사회에 부패가 만연한 이유는, 각자 자기 역할에 충실하면
사회가 제대로 돌아갈 텐데 그 역할을 하지 않으면서 겉으로는
충실히 하고 있는 것처럼 가장하기 때문이라는 거죠. 그리고
시민들은 그 실상을 전혀 모르지 않으면서도 그걸 묵인하고.

이상석: 봐주면 일단 위신이 좀 서겠죠. 두 번째는 자신의
권력의지가 있겠죠. 시민단체는 활동하며 어느 순간부터 굉장히
조급해졌어요. 노력과 상관없는 권력을 자꾸 가지려는 것 같아요. 또
하나, 제일 나쁜 건데, 로비를 받는 경우가 있죠. 특히 밤에요. 낮에는
각자 옳은 소리 떠들지만 밤에는 만나고. 친구니까, 동기니까, 같이
운동 했으니까. 사실 문재인 정부나 노무현, 김대중 정부 특징이
그렇지 않나요? 이제 정부에 안 들어간 사람이 얼마 없어요.
그런데도 세상은 우리가 변화를 느낄 만큼 바뀌지 않았고요.
조선시대에는 사림(士林)들이 왜 똑바로 안 하냐고 계속 문제제기를
했잖아요. 그러면서 붕당이 만들어진 건데, 우리는 지금 그렇게도
못하고 있어요. 머리를 흔들어야 하는데, 꼬리가 머리가 되고 싶어
안달이 난 거죠. 다들 시민단체에 있다가 정부로 가면 부러워해요.
대체 왜 부러워하냐고요. 여기서 강력하게 견인을 해야지!

하승우: 한때 시민단체가 제5의 권력이라 불리기도 했죠. 그렇게 불린 이유는 기존 권력을 감시한다는 의미였는데, 시민단체 스스로 권력으로 변하고 있다니 아이러니네요. 그렇다면 제4의 권력이라 불렸던 언론은 왜 자기 역할을 못하고 있을까요?

이상석: 지방의 언론 환경이 굉장히 안 좋아요. 광주전남만 해도 인구 3만에서 27만까지의 지방자치단체들이 있는데, 기자가 몇 명이나 출입하는 줄 아세요? 1진만 50명이 출입해요. 전부 다 합치면 100명 정도 되고요.

하승우: 지방 언론사가 그렇게 많군요. 운영이 쉽지 않겠어요.

이상석: 광주전남에 신문사만 열다섯 개예요. 거기다 MBC, KBS, SBS, CBS까지 다 합치면 50명이 넘죠. 그럼 그 언론사들은 뭘 먹고 살까요? 지방자치단체 광고로 먹고 살아요. 광주시 언론사의 경우 대개 건설회사가 사주예요. KBC(지역 민영방송)도 그렇고요.

하승우: 광주시만이 아니라 지역 언론사 상당수의 사주가 건설회사죠. 2006년 4월 〈미디어오늘〉이 2006년 3월까지 등록된 지역 일간신문사 88개 사 중 30개 사의 소유 주식 현황을 분석한 적이 있는데, 절반 이상이 건설·운수·서비스 등 지역 토착 기업이거나 이들 업체의 대주주였다고 해요.

이상석: 바로 그 언론사들이 끊임없이 지방정부에 로비를 해요. 그래서 어디서 입찰이 나오는지, 무슨 사건이 있는지, 수의계약 갈 건 없는지, 턴키¹로 갈 건 없는지 안테나를 세우고 있죠. 서울시에서는 턴키방식이 없어졌는데, 전남에는 아직도 있어요. 심지어 공무원들이 건설교통국장을 그만두며 이런 사업을 통으로 따서 나오는 사례도 있고요.

하승우: 광주전남에도 공무원을 하다가 업체로 넘어가는 사례가 많은 거네요. 공직에 있던 사람이 퇴사하고 자기 업무와 연관된 기업에 취직하는 것을 '회전문 인사'라고 하죠. 나중에 자기가 갈 회사이니 공직 있을 때 얼마나 잘 봐주겠어요. 정경유착의 대표적인 사례인데, 지역에서는 아직도 그렇게 하는군요.

이상석: 특히 전남은 김대중 정부 때부터 섬과 섬을 연결하는 연도교, 섬과 육지를 연결하는 연육교가 많이 만들어졌는데, 이런 사업의 경우 턴키방식 하나가 몇백 억짜리예요. 공무원들이 그 사업을 따서 나오는 거죠. 그런 사례에 언론사가 달려들면 보통 광고를 줘요. 몇백 억짜리 사업이니 광고비를 얼마나 주겠습니까.

---

1   키를 돌리면 모든 설비가 가동된다는 의미로, 보통은 정부가 설계와 시공을 따로 발주하는데, 턴키방식은 함께 발주한다. 입찰을 받은 업체가 공사와 관련된 모든 걸 책임지기 때문에 지방정부 입장에서는 이를 선호한다. 문제는 제대로 준비도 않고 짧은 기간에 많은 비용을 들여 공사를 하다 보니 부실공사가 많고, 업체와 공무원 간 부패가 잦다는 것이다.

또 언제부턴가 지역 축제가 많아졌죠. 제가 함평 나비축제 7년 치 영수증을 조사해 봤는데, 그 잘되었다는 축제에서도 850건의 서류가 위·조작돼 있었어요. 그리고 광주전남의 축제들을 조사해 보니 축제 예산의 대부분이 전야제에 쓰였더군요. 맨날 가수가 내려와서 춤추고 노래하는데 A군, B군, C군, 다 똑같아요. 그런 전야제 기획을 누가 할까요? KBC, 교통방송, MBC, 이런 곳이 다 맡아서 해요. 개별로 사업 하나하나를 받는 게 아니라 프로덕션이 통으로 따와요. 기획부터 홍보까지 다 맡는 거죠. 그러니 사업비가 얼마나 많겠어요. 이게 일타삼피예요. 가령 함평 나비축제를 한다고 TV에 광고하며 자막을 깔잖아요. 그리고 전야제 행사 따면 돈 받고 기획하고, 그거 알리며 또 광고를 붙이고. 그러니 시민들 세금으로 신문사와 방송국 운영하는 게 아니냐는 이야기가 나올 수밖에 없어요.

하승우: 그러면서 자연스럽게 언론사들이 지방정부 감시를 안 하게 되겠죠. 지방정부가 직접 언론사를 후원하기도 하잖아요, 계도지 예산으로. 1960, 70년대에 중앙정부가 관변단체와 통·반장들에게 정부 정책을 홍보하기 위해 모든 기초 자치단체에 계도지 예산을 편성했죠. 지방정부는 이 예산으로 지역 신문을 구매해 산하 기관에 나눠줬고요. 그러니 지방정부에 신문을 판매하는 지역 언론사는 정부 정책을 충실히 따르며 알리는 기사를 쓸 수밖에요.

이상석: A언론사부터 Z언론사까지 열 몇 개 언론이 자구 하나 틀리지 않고 똑같은 기사를 쓰기도 해요. 심지어 사진까지 같아요.

지방 주재 기자들은 기사를 똑바로 못 써요. 홍보계 직원들이 쓰고 사회 2부장이 편집해서 내보내는 경우도 있고요. 예전에는 지역에 큰 아파트 같은 걸 지으면 통신사들이 거기에 식당 차려서 돈을 벌었어요. 연합통신이 전횡을 부린 거죠. 또 언론사들이 기사를 쓰면 자치단체들이 30만 원에서 50만 원까지 채택료라고 해서 돈을 줘요. 지방정부가 그걸 왜 주는지 모르겠어요.

지난 몇 년 동안은 이명박·박근혜 정부가 지역방송 제작비를 깎아 방송을 다 죽여버렸고요. 중앙 송출을 받으며 자체 광고시장을 만들라고 하면서 다 썩어버렸죠. 그렇게 되면 솔직히 말해서 이제 지역 KBS나 MBC 방송을 신뢰하기 어렵지요.

하승우: 2016년 말에 전북민주언론시민연합이 발표한 자료를 봤더니 아직도 계도지 예산이 많더라고요. 언론홍보 예산이 기자들과의 오찬·만찬 비용과 선물구입 비용으로 사용되고 있어요. 줄어들지도 않고 늘어난 상황이고요.

이상석: 정도의 차이는 있지만 전국이 대략 비슷할 겁니다.

하승우: 아마 경상남도는 더 심할 거예요.

이상석: 광주전남에서는 다 횡령 및 배임으로 고발했어요. 물론 모두 처벌받진 않았지만.

교수의 또 다른 직업이 지방자치단체 위원회의 위원?

하승우: 시민단체나 지역 언론사도 그렇지만 지역의 대학교수들도 지방정부의 이상한 계획들을 정당화시키는 역할을 많이 할 텐데요.

이상석: 저는 동네를 감시하는 사람으로서 전문가 아닌 전문가들이 지역을 망쳤다고 보지요. 자기 전공으로 치면 딸깍발이들이 좀 많아야 하거든요. 그런데 지금 언론에 많이 나오는 교수들 치고 딸깍발이들이 없어요. 지방정부의 위원회에도 그런 교수들이 굉장히 많아요. 무슨 교수 직업이 위원회 위원인가요? 심지어 지방정부의 용역까지 다 챙겨요. 특히 국립대의 경우 자치단체의 용역을 너무 많이 해요.

지금 순천에 있는 홈플러스가 옛날에는 삼성 홈플러스였는데, 그 자리에 들어올 때 제가 2년을 막았어요. 들어오는 것 자체가 불법이었어요. 건물이 들어설 수 없는 토지였는데, 이미 땅 작업을 다 해놨더라고요. 동네 건달들을 통해 협박해서요. 그런데 거기로 접근할 수 있는 길이 없었어요. 그걸 문제 삼았는데 위원들이 동의해 주려는 거예요. 홈플러스로 들어가는 감속차선과 쇼핑하고 나와 본 도로로 합류할 가속차선을 만들 수가 없는데 어떻게 할 거냐고 했더니 기존 차선을 줄여서 한 차선을 늘리자고 하더라고요. 그걸 업자가 제안하는 게 아니라 교통영향평가심의위원이 제안해서 업자가 받아 가는 거예요. '세상에 이런 일이!'죠.

교통영향평가위원회에 들어오는 위원들이 다 대학교수인데, 알고 보니 업자들이 다 대학원엘 다니고 있더라고요. 이미 무슨 박사인데 또 대학원을 다녀요. 학위를 따기 위해서가 아니라 영업을 위한 로비로 대학원을 다니더라고요. 그리고 교통영향평가위원회에 간사로 들어와 있는 공무원도 또 대학원을 다녀요. 그러니 삼각동맹 체계가 완벽하게 만들어진 거죠. 지도교수와 제자 사이인데, 저만 속 모르고 맨날 반대한 거예요.

그래서 심의를 할 때 보면 다들 자료가 깨끗해요. 제 심의자료만 두껍고. 저는 심의를 하려고 현장을 몇 번씩, 때로는 열 번을 가거든요. 그런데 이 사람들은 아침부터 저녁까지 열 건 이상의 심의를 하는 거예요. 질문하고 응답하고 설명하고 그 짓을 반복하는 거죠. 그래서 제가 현장에 가자고 했어요. 그러면서 2년 동안 사업을 지연시켰지요. 나중에 제가 순천에서 광주로 올라오고 나니 그 사업이 통과되어 버렸더군요. 그런 일이 너무 많아요.

그런데 그 교수를 광주에서 또 봤어요. 지하철 차량을 결정하는 자리에서요. 지하철 노선을 결정할 때 가장 중요한 것 중 하나가 차량이고, 차량을 결정할 때 제일 중요한 게 바퀴거든요. 궤도로 갈 것이냐 바퀴로 갈 것이냐, 쇠로 갈 것이냐 고무로 갈 것이냐, 여기에 따라 노선도 달라지고 가격도 차이가 많이 나요. 유럽의 트램(tram)[2]은 고무잖아요. 우리는 기어이 지하로 가야 한다는 거죠. 그래서 쇠로 만들어진 궤도를 택해요. 한국의 경우 로템이라고 하는

---

2 노면전차. 주로 도로상에 부설된 레일을 따라 움직이는 전동차를 일컫는다.

한 회사가 지하철을 만들게 돼 있는데, 그 교수가 광주에서 그 차량을 결정할 권한을 가진 위원회에 또 있더라고요. 교수들이 대체 언제 연구하고 언제 학생들 가르치고 언제 논문을 쓰는지, 직업이 교수인지 위원인지 모를 사람들이 참 많아요.

하승우: 얼마 전 서울시의 어느 위원회 명단을 봤는데, 거기도 전원이 교수더군요. 왜 공무원들은 교수를 좋아할까요?

이상석: 압축성장 사회에서 발생하는 현상 같아요. 일본은 관료에게 힘이 완전히 넘어갔는데, 한국은 압축성장하며 합법성과 정당성을 확보하기 위해 전문가를 끼우는 거죠.

하승우: 말씀만 들으면, 시민단체와 언론은 물론 대학까지 다 지방정부에 포섭되어 있네요. 그렇다면 지방정부가 잘못된 정책 결정을 내릴 때 이를 견제할 장치가 지역사회에 없다고 볼 수 있고요.

이상석: 좋은 언론사는 없고, 좋은 기자와 PD는 있겠죠. 그런 사람들이 언론사에서 힘을 쓸 수 있도록 해줘야지요. 그리고 좋은 대학교수들도 있어요. 그런데 이 사람들은 바깥으로 잘 안 나와요. 교수는 자기 발언에 책임을 져야 해요. 고용유발효과가 몇 명이다, 이렇게 말했으면 거기에 대해 책임을 져야지요. 또 다른 문제는 시민들이 그런 걸 용인하기 때문에 그래요.

잘못된 발언에 대해 용인하지 않고 책임을 물었다면 이렇게는 안 되었겠죠.

그러면 시민들은 무얼 해야 할까?

하승우: 다시 신세계백화점 얘기로 돌아가서, 공용 터미널이 그렇게 불법으로 사용되고 있는 걸 알았다면 시민들이 어떻게 해야 할까요? 어떤 절차를 밟아서 문제제기를 하면 좋을까요?

이상석: 간단해요. 자기 계모임에서 누가 100만 원을 몰래 해먹으면 난리가 날 거예요. 이와 똑같이 공익 영역에서도 불법과 탈법을 저지르는 업체를 보면, 그걸 공개하고 문제제기를 해야지요. 연예인 얘기에만 관심을 둘 게 아니라 그런 걸 시청 게시판에 써야죠. 요즘 국민청원 한다고 청와대에 많이들 글 올리던데….

하승우: 저는 사람들이 한편으로 그렇게 활동하는 걸 두려워한다고 보거든요. 사실 지역은 좁잖아요. 익명으로 제보해도 하루 지나면 누군지 다 알 수 있고요. 저도 시청이나 군청 게시판에 글을 올리라고 많이 말하는데, 대부분 부담스러워하더라고요.

이상석: 우리가 지방자치를 경험한 게 얼마 안 됐어요. 해방되고 2공화국 허정 내각이 군사 쿠데타로 무너지고, 박정희가 죽고, 전두환 노태우 지나서 실제로 제도가 부활한 지 30년밖에 안 됐어요. 일본과 서구의 자치는 좀 오래되었고요. 그들의 민주주의는 오랜 시간 피땀으로 만들어놓은 민주주의예요. 그에 비하면 우리는 사실 피를 많이 흘리지 않았다고 볼 수도 있고… 그 과정의 후유증이기도

한 것 같아요. 한국전쟁의 영향도 있고.

그래서 고발하는 것 자체를 좀 부정적으로 봐요. 외국에서는 고발이
불법을 뿌리 뽑는 방법이라고 보는 반면 우리는 고발을 상해로,
상대방을 공격하는 것으로 보잖아요. 서로가 죽이고 죽는 걸 해
버렸기 때문에 고발에 대한 부정적인 각인이 있는 것 같아요.
그런 걸 우리가 좀 깨야 한다고 봅니다. 요즘 청년들이 창의적이긴
한데 기성 조직에 대항은 잘 못해요. 집단을 만들어 항의하는 거요.
우리 세대는 창의적이지는 않지만 집단 저항은 잘하잖아요. 사실
그래서 사회를 바꿀 수 있었고, 그러니까 우리가 해야지요.

하승우: 지방정부의 부패를 어떻게 감지할 수 있을까요? 광주
시민들도 버스 터미널을 이용하면서 그 부지가 왜
강제수용되었는지, 신세계가 왜 그렇게 공간을 사용했는지 잘
몰랐잖아요. 그런 것을 공무원들도 잘 아니까 나쁘게 활용한 거고요.
게다가 언론도 그런 일을 잘 안 다뤄주고. 그렇다면 이런 일이
문제라는 걸 시민들이 어떻게 인식할 수 있을까요?

이상석: 어차피 자기가 스스로 조사해야 돼요. 저는 예산감시운동이
상식에서 출발한다고 생각해요. 왜 우리 동네만 가로등이 어둡지?
그러면 조사해 봐야죠. 공무원한테 물어봐야죠. 여기는 어두운데 왜
가로등이 없나요? 왜 등은 자주 안 갈아주죠? 이렇게 물어봐야
하는데, 우리는 물어보지 않아요.

하승우: 그걸 꼭 내가 해야 하나, 내가 그런 말을 할 수 있을까, 이런 생각도 들잖아요. 사실 그런 불편함을 피하려고 행정 체계를 만든 건데 거꾸로 행정 체계가 시민들을 배신하고 권력을 독점하고. 문제는 알고 있지만 다들 꼭 내가 나서야 하나, 괜히 나섰다가 불이익을 당하지 않을까 하는 두려움도 있고요.

이상석: 그렇지만 자기 일이잖아요. 우리 가족, 우리 친척의 일이고. 그러면 관심을 가져야죠. 한전과 자치단체가 맺은 협약을 보면 대개 전기세는 통째로 계산해요. 그러면 좋은 등으로 갈아야죠. 가로등을 도로만이 아니라 학교 운동장 쪽으로 달 수도 있고요. 그런 점에서 우리가 훈련이 덜 되어 있어요. 얼마 전의 알바 노동 문제도 그렇고, 여러 문제가 시민들이 자신의 기본권을 잘 모르는 데에서 오는 거잖아요. 청소년들과 힘없는 사람들이 자신의 기본권에 대한 교육을 받아야 하는데, 그걸 하나도 안 한 거예요. 김대중·노무현 정부는 물론 어느 정부도 노동권에 대해, 행복추구권에 대해 알려주지 않았어요. 그러니 이제는 내가 직접 찾아 나설 수밖에요. 우리는 어떤 제도를 쟁취하기 위해 피를 흘려본 적이 없어요. 내가 직접 싸워본 적이 없는 거예요. 그냥 주어진 민주주의라서 그럴 수 있는데, 그래서 막상 자기 이익을 침해당하고 나서야 반응을 하더라고요.

하승우: 한국 사회가 일제 강점기와 군사독재 시절을 거치며 시민들이 직접 어떤 문제를 제기하는 걸, 그러니까 참여의 비용을

굉장히 높여놨잖아요. 특히 정부가 하는 일에 대해 '아니다'라고
문제를 제기하면, '저 사람이 권리를 침해받았구나' 생각하는 게
아니라 '빨갱이'라는 사회적 낙인을 찍어왔죠. 말 많으면 빨갱이,
이런 식으로.

이상석: 저야말로 한국에서 중요한 두 가지 낙인을 모두 갖고
있어요. 빨갱이에다 전라도. 그런데 저는 살면서 그걸 별로 못
느꼈어요. 설령 느꼈다고 해도 언제까지 그런 잘못된 통념을 그냥
넘어갈 거냐 하는 고민이 있고요.
그런데 전국을 돌아보면 전라도의 재정운영 상태가 그나마
괜찮아요. 경상도에 가보니 너무 엉망이더군요. 돈을 어떻게 이렇게
쓸 수가 있나 싶을 정도예요. 내버려두니 그렇죠. 그게 우리
수준이에요.

하승우: 오래된 관행이 잘 바뀌지 않듯 몸속 깊이 스며든 수동성은
잘 바뀌지 않아요. 말씀하신 대로 민주화 이후 권리에 대한 교육이
제대로 이루어진 것도 아니고요.
그걸 바꾸려면 어떻게 해야 할까요? 계속 정부에 문제를 제기하고,
투표로 바꾸고? 그래도 말을 안 들으면 어떻게 해야 할까요?

이상석: 소환해야죠. 한국이 일본보다 앞선 게 주민소환제가 있는
거라고 봐요. 물론 절차가 복잡하고 어렵게 돼 있지만 단체장들이
우리 상전은 아니잖아요. 우리가 직접 행정을 못하기 때문에 뽑아서

맡겨놓은 거고, 그들이 똑바로 할지 안 할지 몰라 의회를 만든 건데, 둘이 짝짜꿍해서 챙겨주면 주민들이 그 자리에서 내려오도록 만들어야죠. 시장이나 군수가 상전이 아니잖아요.

얼마 전 울산광역시가 학성공원에 가토 기요마사(加藤淸正)의 동상을 만든다고 했어요. 어처구니없죠. 일본인 관광객들을 위해 임진왜란 때 조선을 침략한 적장의 동상을 만든다는 거잖아요. 그런데 울산 시민들은 뭘 하고 있나요? 그걸 빤히 쳐다만 보지 말고 문제 삼고 소환해야죠.

하승우: 평범한 시민들이 잘 싸운 모범사례가 있을까요? 그런 사례가 있으면, 시민들도 우리도 할 수 있다고 생각할 텐데요. 그런 사례가 별로 없으니까 의식 있는 시민들도 주로 시민단체에 알려서 문제를 해결하려고 하잖아요.

이상석: 요즘은 시민단체들이 그런 문제를 맡을 여력이 없어요. 보다 큰 어젠다를 찾아다니다 보니 그런 생활의 문제에 잘 관심을 두지 않아요. 그러다 보니 시민들도 시민단체에 재정 지원을 잘 하지 않고요.

일본 가면 부러운 게, 세 명만 모이면 조직을 만들어요. 가령 동네 가로수만 연구하는 모임이 있어요. 어떤 모임은 보도블록만 감시하고. 작은 것, 할 수 있는 것 중심으로 모임이 만들어져요. 그런데 우리는 중앙정치만 바꾸면 다 되는 줄 알아요. 하지만 지역이 바뀌지 않은 채 중앙권력만 바뀌는 건 모래 위에 성을 쌓는 것과

같아요. 내가 내 권리를 잘 찾고 타인의 권리를 침해하지 않으면서
권리를 침해받는 타인의 문제를 같이 해결해 나가는 공동체를
만든다는 가정 아래 중앙권력을 바꿔야죠.

지금은 지방정부가 다 썩었어요. 돈이 부족하다는 지방정부는
많아도 낭비되는 예산을 얼만큼 줄였다고 자랑하는 지방정부는
없어요. 성남시만 유일하게 모라토리엄 선언했다가 빚을 거의
갚았죠. 지방정부를 중앙정부 바라보는 것만큼 살펴봐야 해요.
그런데 시민들은 잘 안 보려 해요.

강의를 나가면 매번 제가 설명을 쭉 하면 다들 입을 쫙 벌리고 그걸
어떻게 아냐고 물어요. 그런데 제가 말하는 내용들 다 지방자치단체
홈페이지에 나와 있어요. 그렇게 말해 줘도 잘 안 믿어요.
민주주의라는 게 손품, 눈품, 발품, 이 삼품을 잘 팔아야 해요. 근데
다들 자신의 권리를 찾는 데 삼품을 잘 안 팔아요. 이미 다 공개되어
있는 건데 마치 신대륙이라도 발견한 것처럼 놀라곤 하죠. 예산서에,
재정공시에, 결산서에 다 나와 있어요.

하승우: 선생님 같은 전문가는 그렇게 말할 수 있지만 일반
시민들은 재정공시나 예산서 보는 걸 부담스러워할 수 있죠.

이상석: 아니, 왜 부담스럽냐고요. 찾아봤냐고요. 알려고 노력해
봤냐고요. 그러고 난 뒤에 불평을 해야죠. 지방정부 문제점을 누가
알려주나요? 자기가 자기 권리를 찾아야죠. 꼭 전문 지식을 가지고
있어야 권리를 실현할 수 있는 건 아닙니다. 가만히 있지 말고 일단

부딪쳐야죠. 가만히 있으면 아무것도 이뤄지지 않아요.

할 수 있는 것부터 하나씩

하승우: 예산 분석만이 아니라 직접 나섰던 적도 많았다고 들었습니다. 대표적인 예를 하나 들어주시면 어떨까요? 일반 시민들도 할 수 있는.

이상석: 광주 신세계백화점을 끼고 죽봉대로 쪽으로 우회전하면 4차선 도로를 사이에 두고 바로 이마트가 있어요. 신세계백화점과 이마트 사이에 터미널 뒤편과 이어지는 4차선 도로가 있는 건데, 차들이 엄청 밀려요. 터미널을 만들 때 제대로 만들었어야 했는데, 광주 금호가 호남의 삼성이라서 온갖 전횡을 일삼는데도 아무도 말을 안 해요. 금호 김 모 씨의 밥과 술을 안 얻어먹은 사람이 없다고 할 정도니까요.

어쨌거나 이마트가 영화관을 증축하면서 4차선 도로를 일방통행로로 바꾸려고 했어요. 애초에 터미널이 들어설 때 거기에 지하도를 만들겠다고 했는데 그 약속도 지키지 않은 상태에서요. 그때 교통영향평가 심의를 한다고 해서 제가 자료와 실제 상황이 맞나 가서 직접 재봤어요. 축제 때 사람 수 재는 기계를 가지고 육교 위에서 실제로 일주일간 쟀어요. 차가 가장 많이 몰리는 시간대가 언제겠어요? 중소도시는 아침과 저녁 시간, 그리고 쇼핑 시간이에요. 주말의 경우 오후 1시에서 3시 사이.

그렇게 실제로 재보니 교통영향평가 자료가 하나도 안 맞는 거예요. 다 가짜였어요. 그저 광주 인구가 끊임없이 늘어난다는 전제 하에 이렇게 차량이 많이 지나갈 거다, 예측한 거예요. 또 하나, 지역에 사는 시민들이 그 길로 가지 않고 다른 도로로 돌아가는 경우도 있거든요. 그런데 거기를 반드시 지나갈 것이란 전제로 합산을 하니까 실제 통행량과 하나도 안 맞았던 거죠. 그렇게 우여곡절 끝에 일방통행로로 지정하려는 걸 저지했어요.

하승우: 한 번이라도 현장에 나가 재봤다면 달랐을 거라는 말씀이시죠? 공무원이나 교통영향평가 심의위원들이 한 번도 현장에 가보지 않고 허가를 내주려 했다는 거죠.

이상석: 지금도 광주 가면 터미널과 신세계타운 있는 곳이 교통체증이 제일 심각해요. 교통영향평가심의위원회에 두 가지 문제가 있는데, 하나는 실제로 현장에 가보지 않는다는 점이에요. 심의위원회 자료를 다 믿고 가는 거예요. 또 하나, 가능하면 사업을 진행하게 해줘야 한다며 업자 편을 드는 거죠, 이 나쁜 놈들이. 심의위원이면 시민들 편을 들어야죠.

하승우: 행정을 견제해야 할 심의위원들이 정작 시민들의 말은 듣지 않고 기업의 편을 든다는 거네요. 왜 그렇게 하는 걸까요?

이상석: 지방정부에서 뇌물이 오가겠죠. 아니면 최소한 술과 밥을 얻어먹겠지요. 그러니 세금으로 돈은 나가고, 이익은 지들끼리 나눠먹고. 1996년에 부산에서 교통영향평가심의위원회 전체가

구속된 적이 있어요. 그 이후로 ㅁ자 형태 아파트가 없어졌고요. 십
년 몇 전부터.

하승우: 부산의 경우 부패의 상징이라 불리는 엘시티 개발 때도
교통영향평가가 단 한 차례의 회의 후 통과되었죠. 그러니 그렇게
몽땅 구속이 되고도 부패가 쉽게 해결되지 않는다는 건데요.
시민들이 관심을 가지지 않으면 기본적으로 모든 권력은 부패한다,
그렇게 봐야 할까요?
그런 부패를 감시할 의지는 있는데 아직 못 하고 있는 시민들에게
조언을 좀 해주신다면요?

이상석: 행정 시스템을 무조건 신뢰하지 말고 방법을 찾으면 돼요.
저처럼 정보공개청구를 하거나 고발하고 소송하는 것도 한
방법인데요, 그렇게 해도 사법당국이 제 역할을 하지 않는 경우가
많습니다. 어이없게도 부패를 파헤쳐야 할 검찰이 무혐의 처분을
내리곤 해요. 물론 검찰이 기소를 안 하면 재정신청[3]을 할 수도
있어요. 요즘은 법원도 못 믿겠더라고요.
어쨌거나 주민들이 나서면 막기는 쉽지 않아요. 지방정부나 법원

---

3 검사가 고소나 고발 사건을 불기소할 경우, 이를 받아들이지 않는
   고소인이나 고발인이 법원에 그 결정의 타당성을 다시 물을 수 있다. 2007년
   이전에는 공무원의 권리행사방해죄 등의 특정 사안에 대해서만 재정신청이
   가능했지만, 2011년 7월 18일 개정된 형사소송법은 모든 고소 사건에 대해
   검찰 항고 뒤 재정신청을 할 수 있도록 허용했다.

모두 부담감이 생기죠. 그런데 주민들이 잘 안 나서요. 누군가 대신 해줬으면 하는 바람만 있지요. 하지만 이제 나서야 해요. 나서지 않으면 잘못을 바로잡을 수 없어요.

하승우: 시민들이 지역을 잘 둘러봐야겠네요. 사실 지방정부의 권한이 무엇인지도 잘 모르는 시민들이 더 많잖아요. 지역 사회복지 계획과 지역 보건의료 계획이 다 지방정부 권한이고, 쓰레기 처리방침을 정하고 쓰레기봉투 가격을 정하는 것도 지방정부 권한인데요. 내 삶에 영향을 미치는 지방정부의 결정을 잘 감시해야 할 텐데요.

이상석: 생각해 보면 답답하죠. 박근혜 정부 말미에 주민세를 다 인상했어요. 주민 한 명당 인상된 액수는 얼마 되지 않지만 전국으로 생각하면 몇천 억 원이 오른 거예요. 그럼 이렇게 생각해 봐야 해요. 어디에 더 쓰려고 올렸을까? 뭐가 부족해서 올렸을까? 왜 주민세를 인상했지?
지방자치단체가 주민세 인상에 대한 설명을 주민들에게 한 적이 한 번도 없어요. 근거치도 없고요. 그런데 지방의원들이 다 동의해 줬어요. 그런 의원들을 우리가 잘한다고 하고요. 홍세화 선생님 말처럼, 당신 생각의 근원이 뭐냐 물어봐야 한다는 거죠. 그런 결정을 내리는 의도가 뭐냐. 왜 그러는지 설명을 해봐라. 내가 주인인데, 왜 나는 아무 정보도 결정 과정도 몰라야 하나 생각해야 한다는 거죠. 우리는 주권을 행사하는 데 너무 어수룩하고 미숙해요. 최소한 내가

낸 세금이 어떻게 쓰이고 있는지는 알아야 하지 않겠어요? 분명히 훌륭한 사람이라고 해서 찍었는데 왜 부정과 비리가 난무할까, 그럼 조사를 한번 해봐야죠. 먹고 사는 문제에서, 내가 돈을 버는 것도 중요하지만 내가 낸 세금이 제대로 쓰이고 있는지도 잘 살펴봐야 해요. 당신 돈이면 그렇게 썼겠냐고 물어봐야 한단 말이에요.

이상하게도 한국 사람들은 공무원 앞에만 가면 큰소리를 못 쳐요. 내가 낸 세금으로 월급을 받는 공무원인데요. 이게 무슨 민주주의예요. 행정 문제를 밝히며 고발하면, 법정에 선 그 공무원들에 대해 판사들이 맨날 하는 말이 오랫동안 공직 사회에서 봉사해 왔다고 그래요. 아니 월급 300-400 받아가며 일하는 걸 왜 봉사라고 하는 거죠? 판결문을 다 뜯어고쳐야 해요. 로터리클럽이나 라이온스클럽 회원들이 하는 게 봉사지 박근혜가 했던 게 봉사가 아니잖아요. 월급을 얼마나 받아먹었는데. 제가 공무원들을 재판에 많이 세웠는데, 정말 화가 난 게 그런 거였어요.

하승우: 공무원도 하나의 직업이고, 법정에 선 것은 제대로 역할을 수행하지 않았기 때문인데 말이죠. 오히려 가중처벌을 받아야 할 상황에서 봉사를 하다 생긴 실수라고 하니 재판관의 상식과 시민의 상식의 거리가 참 먼 거죠. 공무원들을 재판에 세운 사례가 있을까요?

이상석: 많죠. 구청 공무원들은 공적 업무를 위해 민간인과 해외에

나갈 일이 생기면 민간인해외여비를 책정해요. 그 돈은 법에 따라 개인에게 지불하게 돼 있고요. 그런데 담당 공무원이 그걸 전부 걷어서 집행하고, 해당 민간인에겐 편성된 돈이 얼마인지도 알려주지 않았어요. 그래서 고발했죠. 공무원들이 벌금만 300만 원씩 받았어요. 그리고 시장 업무추진비를 두 개 기관에서 동시에 조사했는데, 영수증도 다르고 총액도 달랐어요. 이런 건 허위공문서 조작으로 10년 이하의 징역형이에요. 그런데 이것도 300만 원씩 벌금만 나왔어요.

광주 시장했던 박광태 씨 건, 전남도지사 했던 박준영 씨 건도 그래요. 박준영 씨는 선거법 위반으로 90만 원 벌금형을 받았죠. 2009년 12월 31일에 기소되었는데 2010년 2월 4일에 재판이 끝났어요. 사법당국 사상 재판기간이 가장 짧았을 거예요. 박광태 씨는 업무추진비로 카드깡을 총 20억 원이나 했어요. 그걸 제가 고발하는 데 6년 정도 걸렸는데, 어쨌거나 그동안 공민권 행사를 못했고 정치도 못하고 일흔 살이 넘어버렸죠. 그렇게 하고 싶어 했는데 말이에요.

하승우: 그중에서 시민들이 조금만 더 관심을 가졌다면 달라졌을 사안이 있을 텐데, 아쉬웠던 사건이 있었다면요? 말씀하신 대로 혈세라고 부르면서 실제로는 세금이 줄줄 새고 있는데, 시민들이 관심을 가졌다면 달라졌을 사건이 있을까요?

이상석: 신안사건이죠. 천사의 섬이라고 하는 전라남도 신안군요.

섬의 경우는 도서개발사업비를 받아요. 특정한 사업을 하라고 돈이 내려가죠. 생각보다 군 단위에 돈이 많이 들어가거든요. 그런데 배 타고 들어가면 일단 시멘트 값이 두 배로 뛰죠. 제보를 받고 확인해 보니 너무 엉망이었어요.

제가 버스를 세 정거장 이상 타면 멀미를 해요. 배를 타도 그렇고요. 그런데 제보를 받고 거의 비몽사몽으로 보름 동안 〈PD 수첩〉처럼 사업계획서랑 예산집행 내역 비교하며 사진 찍고, 주민들 인터뷰를 했어요.

산을 개발해서 산책로를 만드는데, 눈에 보이는 데는 포장을 예쁘게 해놓고 커브를 딱 돌아서면 새끼줄만 매놨어요. 또 하나, 어민들에게는 저온창고가 필수거든요. 가서 물어봤더니 저온창고를 자기들이 다 만들었대요. 그리고 만들었다고 하는 곳엘 가봤더니 창고가 없어요. 그런데도 증거불충분으로 기소유예되었고요.

원래 고발을 하면 검찰 직원이 고발장을 보여줄까요, 보여주지 말까요를 물어보게 돼 있거든요. 제가 보여주지 말라고 했는데 맞춤형 답변이 왔더군요. 검찰 계장들이 장난을 친 거죠. 그리고 고위직이 관련돼 있다는 얘기가 있었어요. 그래서 결국 무혐의판정이 나왔고요. 하지만 군수는 재출마를 포기하고 서울로 올라갔죠.

법원 행정이나 예산도 장난이 아닐 거예요. 판사들 특수활동비 조사해 보면 다 불법일 거예요. 제가 순천지청과 순천지원의 주차장 조사를 한 적이 있거든요. 법원은 정보공개에 응하지도 않아요.

하승우: 혹시 흑산도공항도 신안군 아닌가요? 지금 흑산도공항 때문에 골치가 아픈데요. 경치가 좋아서 가는 섬에 경관을 파괴하는 공항을 만들어 관광객의 편의를 돕겠다는 발상, 거기에 수백 억 원의 세금을 쏟겠다는 발상을 아직도 하고 있어요. 군수는 사라져도 공무원들은 남아 있으니 그때 좀 제대로 법원 판결이 나왔다면 신안군의 모습이 달라졌을 수 있었을 텐데, 안타깝네요.

이상석: 맞아요. 흑산도공항이랑 똑같아요. 신안군엔 섬이 많아서 배가 들어가면 행정선이 들어갈 때도 있고 오지 노선엔 기름값이 지원되기도 해요. 서류상엔 한 번도 빠짐없이 배가 갔더군요. 그런데 태풍이 분 적이 몇 번 있었죠. 배가 떴을까요? 배가 안 떴는데도 배가 나간 것처럼 돼 있었어요. 그것도 고발했는데 다 무혐의처분이 났어요.
그 외에도 많아요. 자치단체가 소유한 땅이나 건물 등의 자산을 임대하는 경우가 있어요. 그러면 땅하고 건물하고 가격을 다르게 책정해야 하는데 똑같은 가격에 싹 임대를 해버려요. 땅값만 받고 가게를 임대해 주는 거죠. 힘있는 사람들이 하는 거죠.
또 신안군에서 유명했던 일이, 예산서를 보증채무를 넣은 것과 안 넣은 것 두 가지로 찍었던 거예요. 예산심의할 때 의원들에게는 보증채무 뺀 걸 주고 혹시 발각되면 '의원님, 인쇄가 잘못되었네요' 하고 넘어가려 했던 거죠. 실제로 의회가 그런 것을 다 그냥 넘겼어요. 이런데도 검찰이 아무도 기소하지 않았고요. 지방 검찰의 폐해는 말로 다 할 수가 없어요. 특히 서북권 쪽, 목포·영암·해남

이런 쪽은 검찰로 가면 다 살아서 돌아온다고 해요. 부패 안 할 수가
없죠. 앞서 말한 박준영 씨, 박광태 씨 재판의 경우 퇴임한 지 한 달도
안 된 고법원장이 변호사를 맡았어요. 완벽한 전관예우죠.
이런 고질적인 부패가 지방자치단체나 검찰의 자체 반성과
개혁의지로 바뀔 수 있을까요? 시민들이 항의를 했다면 좀
바뀌었겠죠. 제게 법률지식이 많았으면 정말 많이 싸웠을 거예요.
제가 해볼 만큼은 다 해봤어요. 행정소송하면 정보공개청구는 거의
백전백승이었어요.
광주시 최초의 정보공개청구가 박광태 시장 업무추진비였어요.
2007년도인가, 자료를 받았는데 안 보여요. 오래되기도 했고
의도적으로 흐리게 복사를 한 거죠. 그래서 소 취하를 안 했어요.
결국엔 최초로 문서고엘 들어가 봤죠. 거기서 서류를 다 가져오게
해서 수기로 작성하고 공무원들에게 보증한다는 관인을 찍으라고
했어요. 그리고 다 고발했어요. 그래서 시장이 90만 원 벌금을 받은
거예요.
재밌는 건 일부 언론 빼고는 이런 사건을 아예 다루지도 않았다는
거예요. 이런 현실에서 지역 언론이 어떤 사건을 집요하고 심오하게
다루기를 기대하긴 거의 불가능하죠.

지역에서 벌어지는 일들에 관심을 가져야 한다

하승우: 법관도 상황을 알아야 판단을 하는데, 그 지역에 안 사니까 상황을 잘 몰라요. 그러니 경찰이나 검찰이 넘겨주는 자료로 형식논리 판결을 내리는 거죠. 본인이 아주 노력하지 않으면 판사도 모르죠.

중앙 언론사들이 그나마 수도권에서 벌어진 일들은 다루는데 지방 일은 거의 못 다루잖아요. 서울에서 벌어진 일은 잘 알면서 정작 자기 동네에서 벌어지는 일은 몰라요. 전에 제주도에 갔더니 '9시 뉴스'에서 정말 시시콜콜하게 잘 다루어주더라고요. 그러니까 뉴스만 봐도 지역 소식을 알 만하다 싶은데, 다른 곳은 지역 소식을 5분 정도 내보내고 말죠. 내 삶과 가까운 문제들에 대한 정보가 훨씬 더 제한되어 있는 모순이랄까요.

정치도 마찬가지예요. 국회에서 벌어지는 일들에 대해서는 그나마 알고 있지만 지방의회의 일은 잘 모르잖아요. 시청이나 의회에서 무슨 사고가 터져도 지역 주민들은 잘 모르고. 그러다 보니 서로가 서로의 알리바이를 마련해 주는 형국이 돼버리고, 저놈들 나쁜 놈들, 원래 나쁜 놈들이야, 그러면서 넘어가버리는 거죠.

이상석: 저는 서울의 올림픽도로가 막히는지 뚫리는지에 별 관심이 없어요. 국가대표 스포츠단이 무얼 하는지도 크게 궁금하지 않고요. 대신 우리 동네 조기축구회가 어디 갔다고 하면 궁금할 때가 있어요. 그리고 도의원이나 시의원이 술 먹고 무슨 짓을 했는지가

중요하다고 생각해요. 그러니 지역 뉴스가 주가 될 필요가 있지요.
지역 뉴스는 잘 내보내지도 않으면서 지역민들이 관심이 없다고
얘기하면 안 되죠.

하승우: 사실 우리가 아는 미국 신문들, 〈뉴욕타임스〉니
〈워싱턴포스트〉니 다 지역 신문이잖아요. 그런 신문들이 오보를 낸
경우라도 우리는 마치 그게 진실인양 숭배하기도 하고. 반면 한국엔
지역 신문이 거의 없죠. 제가 사는 옥천에는 옥천신문사라고
주민들이 만든 신문사가 27년째 유지되고 있어요. 기자 수도 많아서
지역에서 벌어지는 어지간한 일들은 다 보도되죠. 그렇다고 지역
얘기만 하는 건 아니고 기획취재 형식으로 다른 지역이나 외국에서
벌어지는 일들도 다뤄요. 그러니 〈옥천신문〉만 열심히 읽어도
안팎의 소식을 다 알 수가 있지요.
지역에 그런 신문이나 방송이 생기면 주민들이 구독하고 후원도
하고 그래야 하는데, 그래야 기자들도 힘이 나고요. 주민들이 스스로
만들었다가 사라지는 마을 신문도 많이 봤거든요. 그런 거 보면 참
안타깝죠.

이상석: 그런 게 참 문제예요. 문제제기를 했다고 단숨에 뭔가 바뀔
거라 생각하진 않지만, 끊임없이 문제제기를 해야 하거든요.

하승우: 많은 사람들이 어려워하는 게 바로 그 '끊임없이' 하는
거예요. 그래서 저는 지역의 모임들에 가서 강의할 때 절대로 혼자

하지 말라고 해요. 우린 다 똑같은 일반 시민이에요. 대부분의 사람들은 항상 갈등 상황이죠. 한국 사회의 일상은 매우 분주하니까요. 그러니 여기에 얼마나 시간을 쓸 수 있을까, 이런 고민이 언제나 들 수밖에 없죠. 사실 선생님이 활동하시는 거 보면 더 실감이 안 나거든요. 선생님을 이렇게 움직이게 만드는 동력이 무엇일까요?

이상석: 전문가라고 하지만 저도 궁금한 건 계속 물어보거든요. 그러니 뭔가를 알고 있어서 하는 건 아니죠. 그리고 저는 한 번도 불타는 적개심과 사명감으로 일한 적이 없어요.

하승우: 저는 불타는 적개심은 있는데요(웃음).

이상석: 이건 나쁘니까 그냥 한 거예요. 그래서 누가 나를 좀 연구해 줬으면 좋겠어요. 내가 무슨 특별한 사람이어서가 아니거든요. 내가 무슨 사명의식이 있겠어요.

하승우: 어떤 사명의식 없이 30년 동안 이렇게 살아올 수 있나요? 사실 중앙보다 지역에서 감시활동을 하는 게 더 쉽지 않은 거잖아요. 그냥 성격이 안 좋으신 걸로 할까요?(웃음)

이상석: 사실 가끔 불편하기는 해요. 내가 뭘 어쨌다고. 90년대 중반까지는 현실에 화를 많이 냈어요. 왜 저따위 짓을 하지? 그러니

나라도 뭘 바꿔보겠다고 생각한 게 여기까지 온 거예요. 필요하니까 공부한 거고, 필요하니까 정리하고, 필요하니까 자료로 쌓아 두고, 비디오 찍고, 사진 찍고.

하승우: 인간관계는 어떠세요? 저희 동네 기자들은 관계 맺는 걸 좀 어려워하던데요. 취재원들과 일정한 거리를 둬야 하니까. 그래서 동네에는 친구가 없다고 그래요.

이상석: 저도 친구가 별로 없어요. 외로운 건 이미 습관이 된 것 같아요. 제가 초·중·고등학교 동창회를 안 간다니까요. 로비를 받고 난 뒤부터. 그리고 10년 동안 5시 반이 되면 핸드폰을 껐어요.

하승우: 그러면서 삶이 괜찮으셨어요?

이상석: 지금은 불편해요. 외롭고. 누구라도 술 마시자고 전화해 줬으면 좋겠어요(웃음).

하승우: 이젠 술 먹자고 먼저 전화하기도 애매하시잖아요. 전화하면 상대방이 '내가 뭘 잘못했나' 할 테고.

이상석: 그렇죠. 저쪽이 긴장하죠. 저는 연말연시에 바쁜 적이 없어요. 송년회에 갈 일이 없으니까. 편하게 술 마시고 밥 먹고 할 사람이 많지 않죠.

하승우: 꼭 선생님의 경우만 그런 게 아니라 보통 사람들의 일상사가 그렇잖아요. 주로 일 관계로 만나는 사람들이죠. 그래서 일 관계가 아닌 누군가를 만난다는 게 낯설기도 하고. 저도 술 좋아하고 사람 좋아하는데, 가끔 시간이 남아 누굴 만날까 하다가 관두는 경우가 많아요.

이상석: 저는 사람을 깊이 사귀는 편이에요. 일하고 전혀 무관하게 밥 먹고 술 마실 사람이 몇은 있어요. 하지만 남들이 바쁘다는 선거철과 연말연시엔 한가해요.

하승우: 오늘 얘기를 좀 정리하면, 지방정부가 왜 부패하고, 누가 연루돼 있는가, 이런 부분인데요. 마지막으로 핵심 원인을 지적한다면 무엇일까요?

이상석: 지방정부의 부패는 99.9퍼센트가 지방자치단체의 장으로부터 출발합니다. 그리고 그걸 방조하고 묵인하는 게 공무원, 지방의회, 사법당국, 언론사, 그리고 시민사회도 일부 들어가 있죠. 시민사회라는 게 진보적인 단체만 있는 건 아니니까요. 또 그런 사람들이 행세할 수 있도록 만드는 게 지역민들의 민심이죠. 신세계백화점과 싸우면서 가장 놀랐던 점이 광주 시민운동 판에서 제법 이름난 사람들, 소위 진보 인사란 이들이 직접 또는 대리인을 통해 전화를 했단 거예요. 제가 욕을 해버렸죠.

3장. 지역운동은 내 편 네 편보다 옳고 그름을 따져야 한다

이상석은 2013년 광주전남의 국·공립 초등학교의 학습
준비물 지원계획, 집행내역, 지출결의서, 품의서,
집행증빙영수증에 대해 정보공개를 청구했다. 2012
시·도 교육청 학교회계 예산편성 기본지침에 의거해,
기본 학용품을 제외하고 수업시간 활용 학생용
학습자료와 학교 예산으로 구입해 학생들에게 제공하는
모든 학습자료에 대한 내용을 542개 교에서 공개받았다.
광주지역의 경우 일선 교육지원청의 예산집행 현황과
실제 학교의 지출결의서 집행금액이 약 6700만 원 정도
차이가 났다. 그리고 전라남도의 경우는 지원액과 실제
집행금액이 약 7억 8000만 원 정도 차이가 났다.
집행내역을 살펴보니 밥솥, 가스레인지, 프린터 토너
등에 예산이 사용되었다. 이상석은 이에 관한 실태를
발표하고 2014년 국회 토론회를 통해 정산절차 규정을
신설하는 등 제도를 바로잡았다.

"그런데 동네를 바꾸는 게 참 어려운 겁니다. 서울에서 중앙시민운동을 하는 게 차라리 쉽죠. 여기서는 익명이 안 되니까요. 내가 학교 다닐 때 성적이 어땠는지, 아버지 어머니는 뭐하시는지, 이런 걸 다 알아요. 특히 동네에서는 세상을 바꾸겠다는 액션을 취하는 순간 반드시 이득을 보는 사람과 손해를 보는 사람이 주변에서 생겨나요. 그로 인해 관계가 힘들어지죠. 그래서 지역운동은 내 편, 네 편을 가를 문제가 아니에요. 옳으냐, 그르냐만 따져야죠."

하승우: 일반 시민들이 동네에서 할 수 있는 일을 찾는다면 어떤 것이 가장 좋을까요? 쉽다 어렵다를 떠나서요. 지난번에 얘기했던 것처럼 시민들이 지역 일에 관심을 가져야 한다는 것이 그저 당위로만 들리면 안 된다고 생각하거든요. 실제로 뭔가를 하려는 사람들도 어디서 어떻게 출발해야 할지 모르는 경우도 많고요. 저도 지역의 주민 단체나 모임에 강의를 가는 경우가 많은데, 뭔가를 지속적으로 하는 걸 어려워하시더라고요. 지금 녹색당에서도 당원들과 뭔가 해보려고 하는데 비슷한 문제들이 있고요. 먼저 시작한 사람으로서 뒤따라오는 사람들에게 전할 노하우가 있다면 말씀해 주세요.

지역 뉴스를 꾸준히 봐야 지역이 보인다

이상석: 지역과 관련된 뉴스를 꾸준히 봐야 해요. 뉴스를 찾아서 보는 것도 있겠지만 뉴스를 보며 새로 알게 되는 것도 있어요. 무엇으로 세상이 돌아갈까 항상 관심을 가져야겠지요. 그러면 우리 동네에 어떤 일이 벌어지고 있는지 알게 되거든요. 제가 예산학교에서 항상 내주는 숙제가 동네 뉴스를 보고 오는 거예요. 뉴스를 보고 거기서 중요하다고 생각하는 것 두 개를 브리핑하라고 해요. 다른 사람들의 브리핑을 들으며 질문하라고도 하고요. 기본적으로 동네에 대한 관심을 가져야 해요. 난 길을 지나가다 교행을 못하는 곳이 있으면 줄자를 가져가 실제로

재봐요. 그리고 우리 동네는 왜 가로등이 어두울까, 우리 동네는 신도시인데 왜 도로가 2차선밖에 안 돼서 복잡할까, 처음부터 2차선으로 계획한 거였을까 등등 생각하죠. 복잡하고 어려운 게 아니에요. 세상에 대한 가장 기본적인 관심이죠. 그러니 하루 10분씩만 내서 동네 뉴스를 좀 보면 좋겠다고 얘기해요. 뉴스를 볼 때 처음에는 연합뉴스나 뉴스1 같은 통신사 뉴스를 보라고 해요. 그쪽이 가장 건조해요. 색깔에 따라 거르는 것이 없어요. 거기서 출발해서 안목을 기르며 필요한 자료를 찾아보는 거죠. 처음부터 자기 색깔에 맞는 언론을 택하는 것보다 이런 방법이 나아요. 저도 동네 가서 예산 얘기할 때 그래요. 이거 다 공개돼 있는 자료다. 지방정부 홈페이지에 가면 정보가 다 있다. 물론 시청과 군청은 자기들이 알리고 싶은 것을 앞에 배치하겠지만 숨기지는 못하거든요. 그러니 일단 그것부터 찾으라고 해요.

하승우: 일단 뉴스를 검색해서 우리 지역과 연관된 내용을 봐라. 그리고 지방자치단체 홈페이지를 봐라. 사실 거기가 정보의 보고인데요. 저도 지방자치단체 홈페이지에는 그냥 습관적으로 들어가 봐요. 딱히 찾을 정보가 없어도 들어가서 여기저기 클릭해 보죠. 그러면 생각보다 짭짤한 정보도 많거든요. 꼭 예산서와 조례, 이런 것만이 아니라 장학금, 지원금, 지역 소식, 이런 게 많아요.

이상석: 공무원노조 게시판을 보는 것도 좋아요. 글이 많이 올라와요. 그리고 언론은 절대 그대로 믿지 마라, 꼭 확인을 해봐라,

그러죠. 아까 말했듯이 〈조선일보〉가 나쁘다, 〈경향신문〉이 나랑
맞다 뭐 이런 시각이 생겨나기까지는 통신사 뉴스를 확인하는
작업이 필요합니다.

많은 사람들이 예산 감시를 하는 특별한 노하우 같은 걸 묻는데,
예산 감시를 20년 정도 했지만 그냥 상식에서 출발하면 돼요.
그다음은 행동이죠. 물어보면 돼요. 저는 공무원들한테도 물어봐요.

하승우: 시민들의 일상과 관련된 문제인데 시민들이 놓치고
지나가버려 문제가 생긴 일이 있다면 어떤 게 있을까요? 이건 진짜
피부에 와 닿을 수밖에 없는 문제인데 시민들이 너무 관심을 갖지
않아서 놓쳐버렸다 싶은 일이요.

이상석: 하나는 급량비인데요. 공무원들이 근무시간 외에 일할 경우
과별로 밥값으로 책정해 놓은 돈이 있어요. 이런 부분까지 다 예산이
편성돼 있어요. 그런 점에서 공무원 월급이 박봉이라는 말은 안
맞는다고 저는 생각해요.

어쨌거나 제보를 받고 조사에 들어갔는데, 보통 지방자치단체 각
과별로 과비와 급량비가 있고 업무추진비가 따로 있어요. 대개 이걸
합쳐서 쓴단 말입니다. 옥천군도 그럴 거예요. 그런데 6급 이상의
공무원들이 이 돈으로 자기 친구들과 밥 먹고 그래요. 반면에 8급,
9급 공무원들은 과비가 아니라 자기 돈 쓰며 산불 방지하러
다니고요. 실무는 8급, 9급이 다 보는데 정작 산불 방지 차량도
제대로 못 가지고 다녀요. 차량을 끌고 다니려면 6급 정도는 돼야

해요.

보통 공무원들은 군청이나 시청 앞에 식당을 정해서 밥 먹고 사인을 하고 나오는데, 그게 급량비와 업무추진비, 급식비가 합쳐진 거예요. 그래서 보통 월말에 결제를 하죠. 그런데 급량비는 그렇게 쓰면 안 되는 거예요. 근무시간 외에 일할 때 집행하는 돈이니까 점심시간에 쓰면 안 되는 거죠.

그래서 제가 조사를 했더니 시청에서 난리가 났어요. 지금은 그런 경우에 환수하도록 되었고요. 그런데 이런 문제가 관행으로 반복되다 보니 여전히 그렇게 집행되는 경우가 많아요. 지금 급량비를 조사해서 못 쓰도록 막으면 군청이나 시청 앞 식당들 매출에 타격이 있을 거예요.

또 하나 와 닿을 수 있는 문제가 학습 준비물이에요. 우리가 광주와 전라남도 학교들의 학습 준비물 집행내역을 조사해 보니 문제가 많았어요. 심지어 총액조차 안 맞는 경우도 있었고요. 배정된 학습 준비물과 실제로 쓴 학습 준비물의 금액이 안 맞는 거죠.

왜 그런지 살펴봤더니 김대중 정부 때 교장 정년을 단축하며 반발이 있으니까 교장들에게 권한을 너무 많이 준 거예요. 그 과정에서 학교 운영비와 학습 준비물비를 섞어버린 거죠. 그러면 교육지원청이 확인하고 관리를 잘해야 하는데 한 번도 그걸 제대로 하지 않았어요. 돈만 주고 관리감독을 안 한 거죠. 그래서 우리가 건드렸어요. 보통은 우리 사무실에 전화가 거의 안 오는데, 그때는 500개 초등학교에서 교장, 교감, 행정실장 등이 돌아가며 전화가 왔어요. 전화기에 불이 났죠. 사실 학교에서도 뭘 어떻게 해야 하는지 잘 몰라요. 누구도 해본 적이 없으니까요.

중등교육까지 의무교육이니 학교에서 학습 준비물을 마련해 주는 게 맞고 또 그게 좋죠. 학교가 준비물을 일괄 구매해 학생들이 필요할 때마다 쓰도록 하는 건 잘하는 거죠. 학생들 가방도 좀 가벼워지고요. 그런데 실제로 학습 준비물 사용 내역을 보니 그 돈으로 밥솥 사고, 거문고 사고, 컴퓨터 부속품 사고 별 걸 다 샀어요. 학교 운영비와 섞어 사용한 거죠. 게다가 작은 학교의 경우에는 행정실이 관리하지 않고 교사가 기록한 경우도 있었어요. 교사 교육이 안 된 거죠. 그때 이 문제를 밝혀내고 교육부와 교육청, 국회 문광위원회와 국회에서 간담회를 열어 법을 바꾸기로 했어요. 교육청이 감시하도록 했죠. 간섭은 안 하되 관리와 감독은 잘해야죠. 시민들의 세금이니까요. 그런 부분에서 성과가 있었습니다.

하승우: 교육청이 학교를 잘 감독하도록 법이 바뀌는 데 영향을 주신 거네요. 저는 이제 아이가 초등학교에 들어가서 잘 몰랐는데, 선생님 말씀을 들으니 학교 내의 문제들도 학부모들이 관심을 가지고 얘기하면 바뀔 수 있을 것 같네요.

이상석: 아마 학부모들은 어려울 거예요. 자식이 볼모로 잡혀 있으니까요. 학부모들이 학교 일에 강하게 개입하긴 어렵죠.

하승우: 그럼 학교 밖에서 해야 할까요? 지역의 교육위원이나 참교육학부모회 같은 곳에서? 그런데 학습 준비물 같은 문제들에

대해 교육 관련 단체들은 그동안 왜 아무 문제제기를 안 했을까요?

이상석: 내 말이 바로 그거예요. 왜 안 했을까요? 참교육학부모회의
색깔이 뭔지 불만이에요. 참교육을 시키도록 유도하는 건지,
감시하는 건지, 직접 집행하는 건지.

하승우: 공무원의 급량비에 대해서는 전문적으로 감시하는 단체가
없지요?

이상석: 사실은 공무원노조가 해야죠. 공무원노조와 전교조의
공통점이 하나 있어요. 두 조직 다 노동조합의 기능을 해야 하지만
공익 기능도 맡아야 돼요. 그런데 둘 중 어디에 방점을 찍느냐에
따라 이익단체냐 공익집단이냐 조직의 성격이 확 달라져요. 자기
집단의 이익만을 대변하기 시작하면 국민들에게 바로 외면당하겠죠.
그래서 예전에 괜찮은 공무원노조 몇 곳하고 시민단체를 묶어
행·의정감시연대라는 단체를 만들어서 광주와 전라남도의 행정과
의정을 감시했어요. 공무원노조에서 한 명 나와서 저랑 공동으로
운영위원장을 맡아 10년을 했죠. 그 단체를 통해 공무원을 많이 알게
되었는데, 그들이 자문도 해주고 제보도 주고 그랬어요. 그리고
단체를 운영하는 규칙을 만들어서, 해당 사안이 발생한 곳의
공무원노조는 그 일에 대해 입을 다물기로 정했지요. 동네에서
일어난 일에 대해서는 결정권을 행사할 수 없다, 그런 방식으로
지역정치 감시를 많이 했어요. 그렇게 해서 오늘의 제가 있는 거죠.

하승우: 선생님의 삶에서 매우 중요한 조직이네요. 선생님도 활동을 하며 계속 성장하신 거네요. 독자들이 안심할 것 같아요. 슈퍼맨인 줄 알았는데 시작은 비슷했구나 하고요. 다행이에요.

이상석: 저는 운동하며 만난 모든 사람들이 제 삶의 스승이라고 생각해요. 그들이 나와 특별한 관계를 맺진 않았지만 가르쳐주거나 물어본 것에 답을 준 것들이 모여 지금의 내가 있는 거죠. 예산도 제가 누구한테 배웠겠어요. 당시 경기대 이재은 교수 강의 몇 번 들은 게 전부예요. 그래서 저는 이론적인 내용보다는 실증적인 내용의 강의를 많이 해요.
한 20년 했더니 이제는 공무원들이 저보다 잘 몰라요. 최근 지방공무원교육원이 만든 예산 실무 교재가 있었는데, 제가 살펴보고 잘못된 곳을 얘기해 줬어요. 아, 이건 옛날 건데 왜 들어갔지, 이러면서 질문을 했거든요. 그러니까 올해부터 뺀다고 하더라고요.

하승우: 공조직이 참 허술하죠. 누가 말하지 않으면 똑같은 얘기를 계속 반복해요. 어쨌거나 급량비와 같은 관청 내의 부조리한 관행들은 내부적으로 해결하는 게 좋다는 말씀이시죠? 반면에 학습 준비물 같은 건 밖에 있는 단체들이 맡아주면 좋고요.
그렇게 역할 분담이 이루어지면서 사회가 조금씩 발전하는 건데, 어찌 보면 우리가 일상의 문제들에 대해 너무 둔감한 거네요. 생활 정치, 삶의 정치, 이런 단어가 등장한 지는 꽤 되었는데 말만 떠돌지

실제로 지역에서 그렇게 활동하는 사람은 많지 않아요. 중앙의 시민단체들도 풀뿌리 얘기를 하지만 실제로는 중앙 의제를 지역화하는 걸 그렇게 생각하는 경우도 많고요. 조금만 관심을 가지면 되는데, 다들 좀 귀찮아하죠.

말을 타고 가다가도 한 번씩 돌아봐야 한다

이상석: 우리 힘으로 우리에게 맞게 사회를 바꾸는 작업이 이루어지면서 사람이 바뀌고 권력이 바뀌어야 하는데, 다들 권력만 바뀌면 저절로 변화가 이루어지는 줄 알아요. 저는 내 힘으로 권력을 바꿔야 한다는 생각은 크지 않은데, 그게 일정 정도 콤플렉스에서 비롯된 거라고 생각해요. 제가 공업고등학교를 나오고 대학엘 진학하지 않았어요. 누가 저를 밀어주고 당겨준 일도 없고, 그런 것에 대한 기대도 없어요. 그래서 남들 안 하는 걸 하게 된 것인지도 모르죠. 남들은 큰 권력을 바꾸지만 나는 진지를 잘 사수해야겠다, 그러면서요.

그러다 보니 왜 운동할 게 없다고 할까, 나는 할 게 너무 많은데, 그런 생각을 많이 해요. 먹고 사는 데 필요한 돈만 조금 받으면서 마음껏 서류를 보면 좋겠다 싶어요. 먹고 사는 문제만 해결되면 저는 계속 운동할 수 있어요. 앞에서 시민단체 얘기도 하셨는데, 인디언 말 중에 그런 게 있잖아요. 말을 타고 가다가도 영혼이 따라오는지 한 번쯤 돌아봐야 한다고. 우리도 그래야 한다고 생각해요. 돌아봐야죠. 우리가 그걸 안 해요. 못하고도 있고요. 반성하지 않는 사람, 반성하지 않는 단체에 미래는 없다고 생각해요.

여기 오면서 생각해 봤어요. 내가 지금까지 일하며 답답했던 게 뭘까. 별로 없어요. 화가 난 적은 몇 번 있었지만요. 처음엔 왜 공권력이 이런 걸 안 다뤄줄까 서운하고 화도 나고 그랬죠. 내가 증거까지 다 찾아서 고발했는데 기각판정이 나는 거예요. 그런데 조금 더 시간이

지나니까 화가 나는 것보다는 '내가 뭐가 부족한 걸까' 이런 생각이
들더라고요. 그러면서 뭔가를 더 채우게 되는 거죠.
슬펐던 일은 참 많았어요. 초반에는 내가 이렇게 열심히 하는데 왜
옆의 시민들이 동의해 주지도 않고 알아주지도 않을까 의아했죠.
영향력 있는 사람이 한 마디 하면 확 몰려가서 동조하면서 정작 우리
생활의 문제에 대해서는 힘없는 사람이 얘기했다고 따라주지도 않고
관심도 주지 않는 것에 정말 화가 많이 났어요. 광주에서 그걸 많이
겪었지요. 신세계백화점 문제만 해도, 그 싸움 하려고 과장 좀 해서
편지를 한 500통은 보냈어요. 그런데 답장이 안 오더군요. 한두
조직에서만 연락이 왔어요.

하승우: 권력을 비판하고 감시하면서 스스로 권력이 되는 걸
경계해야 한다는 말 역시 항상 이야기돼 왔지만 우리 스스로도
제대로 지키지 못했던 것 같아요. 그런 문제를 지적하는 사람이
있으면 성찰의 계기로 삼는 게 아니라 문제제기한 사람을
왕따시키는 경우가 많았고요. 과정보다는 결과에 집착하는 경우도
많았어요. 그런 현상 뒤에는 일만 잘하면 어쨌든 상관없다는 일종의
성과주의가 있다고 생각해요. 그것은 시민단체 내부의 문제이기도
하지만 한국 사회 전반의 문제라고 볼 수 있죠.

이상석: 그런 것도 있지만 관(官)이 잘할 것이라는 무모한 기대가
있어요. 그리고 뭐라고 문제제기를 하면 대안을 얘기하라고
하거든요. 대안은 공무원들이 만들어야죠. 우리가 낸 세금으로 월급

받고 연수 가고 교육받는 공무원들이 대안을 만들어야지, 왜 우리가
대안을 만들어야 하나요?
언제부턴가 시민단체들도 대안을 고민하고 물어보고 또 대학원을
가고 그래요. 그러면서 시민사회 내부가 갈라져요. 개선책은
공무원들이 만들어야죠. 그것까지 우리가 하려면 우리가 공무원
해야지요. 시민단체의 비판에 대한 대안은 월급 받는 공무원들이
만들어야 합니다.

하승우: 초반에 시민단체들이 마치 사회에 대안을 제시하는 단체인
것처럼 출범한 탓도 있는 것 같아요. 그래서 어느 샌가 전문가
집단처럼 바뀐 측면이 있고요. 어떤 문제가 생기면 본인이 직접
나서는 게 아니라 시민단체에게 왜 개입하지 않느냐고 하고, 그러면
또 시민단체들은 아직 대안이 명확하지 않아서 그렇다고 답하고.
원래는 시민이 문제를 제기하면 관(官)이 대안을 A, B, C로 만들어
와야죠.

이상석: 대안을 제시하려면 완전하고도 완벽한 자료가 있어야
하는데, 그게 시민들에게 주어지나요? 저는 아니라고 생각해요.
그리고 일을 처리하는 공무원들의 노하우가 있어요. 이건 지식과는
좀 다른 차원이에요. 시스템과 내용에 대해서도 마찬가지고요.
그러니까 공무원들이 무얼 숨겼는지에 대해서는 우리가 알 수가
없어요.
이런 데 대해서는 기본적으로 불신이 쌓여 있어요. 공공기관이

신뢰를 준 적이 별로 없으니까요. 정보공개청구를 하면 비공개 처분이 나요. 아니, 공무원이 알면 보안이 지켜지고 시민이 알면 보안이 안 된다는 기준이 뭐냐고요. 특히 도시계획을 입안하는 공무원들과 그 회의에 들어간 민간인에게는 무슨 일급비밀 인가 취급증이라도 있냐고요. 그런 것도 없으면서 왜 일반 시민들에게는 공개하지 않냐고요. 지금 시대가 어떤 시대인데요.

하승우: 실제로 개발과 관련해 공무원이나 관련 전문가들이 땅 투기를 하기도 하죠. 시민들보다 정보를 먼저 얻으니까요. 인터넷에 들어가 키워드를 '공무원 땅 투기' '공무원 부동산 투기'로 넣고 검색해 보세요. 어마어마하게 많은 글들이 떠요. 한국 사회가 이런 사회거든요.

이상석: 인천광역시 중구 월미은하레일[1] 문제만 봐도 알 수 있어요. 853억 원을 들였는데 운행도 못했어요. 그때 게임랜드를 만든 땅이 다 중구 구청장 땅이라잖아요. 그러니까 어떤 일이 공적인 일이라는 증명을 누가 어떻게 하냔 말이냐고요. 더구나 권력은 계속 바뀌는데.

---

1 경인선 인천역과 월미도의 월미공원 사이를 운행할 목적으로 만들어진 관광용 모노레일. 2008년 7월에 착공했지만 안전성에 문제가 있어 개통이 미뤄지다 인천교통공사가 2010년에 백지화 발표를 했다. 2013년 안전성진단 결과 정상 운행이 어려운 것으로 결론이 났고, 인천광역시는 큰 재정 부담을 안게 되었다. 흉물로 남아 있는 레일은 여전히 논란거리다.

하승우: 월미은하레일 같은 건 수백억 원이 들어가는 큰 사업이잖아요. 그래서 시민들이 뛰어들어 문제를 바꾸기란 쉽지 않았겠죠. 반면에 시민들이 조금만 관심을 가졌다면 바뀔 수 있었던 문제, 그런 사안은 없나요? 이런 질문을 계속 하는 것 같긴 한데요.

이상석: 가로등 교체는 한국전력과 자치단체가 통으로 계약을 맺어요. 이건 전기세와 상관없어요. 그런데 우리 동네가 어두운 이유에 대해 사람들이 묻는 걸 한 번도 못 봤어요. 그러면서 불안하니까 아이들이 학교에서 돌아올 때면 나가서 기다려요. 가로등 불빛만 밝아도 범죄율이 확 떨어지거든요. 그런데 그런 걸 지적하지 않아요.

하승우: 우리는 구조적인 문제에 관심을 기울여 해결책을 찾기보다 개인적인 해결책을 편하게 생각하지요. 그런데 주민들이 뭐라고 해도 관청에서는 보통 예산이 없어서 못한다고 하잖아요. '말씀하신 문제는 저희도 잘 알고는 있는데 예산이 없어서요. 내년도 사업편성 때는 반영되도록 노력해 보겠습니다.' 이런 식이잖아요. 그러다 보니 시민들이 점점 문제를 제기하지 않게 돼요. 해도 별로 바뀌는 게 없으니까요.

이상석: 전국 어느 지방자치단체 예산을 봐도 돈은 항상 남아요. 자치구는 보통 7퍼센트 정도 남기고, 기초자치단체는 10퍼센트까지 남겨요. 남긴 돈이 이월되고 그 돈이 다음 해 단체장의 공약사업을

하는 데 쓰입니다.

하승우: 돈이 없다는 얘기는 다 거짓이고 실제로는 단체장들의 공약사업을 위해 돈을 비축해 놓는다는 말씀이네요. 심지어 그런 일이 관행적으로 이루어진다는 것이고요. 굉장히 심각한 문제인데요. 주민들이 이 사실을 알고 있으면서 가만히 있었던 걸까요?

이상석: 제가 가장 비판하는 것 중 하나가 무임승차예요. 나는 하고 싶지 않으니 누가 대신 좀 해주면 좋겠거든요. 그 대상이 시민단체인 거예요. 그래서 내가 한번 물어본 적이 있어요. 우리가 무슨 소방관이냐, 불만 나면 우리가 끄러 가야 하냐, 그동안 당신이 한 일은 뭐냐, 우리한테 회비를 내라는 얘기가 아니라 동네에서 당신이 한 일이 뭐냐, 이렇게 물었지요. 그랬더니 자기는 일반인이래요. 그럼 우리는 뭐죠? 우린 특수인인가요? 시민이 그렇게 생각하면 안 되는 거잖아요.

하승우: 여전히 한국의 시민들은 누군가가 나와서 문제를 한방에 해결해 주면 좋겠다고 생각하는 것 같아요. 메시아를 기다린다고 해야 할까요. 절차와 민주주의를 얘기하다가도 어느 순간 리더십과 혁명을 이야기하고 있어요. 저는 두 이야기의 층위가 다르다고 생각하거든요. 백마를 타고 온 초인, 이런 것에 대한 기대가 민주주의의 시대에도 여전히 남아 있는 것 같아요. 그게 자꾸 우리의

시계를 되돌리는 것 같고요.

이상석: 그건 아마도 중앙집권형 국가의 영향 때문이 아닐까
싶어요. 그리고 또 하나가 한국 내전의 영향 같아요. 그동안 한쪽
편을 들거나 정부에 대항하면 어떤 식의 앙갚음을 당하는지
사람들이 너무 많이 봤어요. 가령 내부고발자가 필요하다고
말하면서도 정작 내 자식은, 내 이웃은 그런 거 안 했으면 좋겠다고
생각하는 거죠. 이제 누군가가 대신 해주면 좋겠다고 생각하는 식의
무임승차 의식을 깨야 해요.

우리 역사를 보면 이 문제는 더 심각해져요. 전라남도 순천시의
경우는 여순사건 때 내부에서 엄청나게 많은 사람들이 죽었어요.
제주도에서는 가해자가 육지로 떠났지만 여수와 순천에서는
가해자가 여전히 주류예요. 그 사람들이 교회에도 심지어는
시민사회에도 들어와 있어요. 특히 여수시에는 아직 지원조례가 안
만들어졌어요. 제주도 4·3사건은 내부와 외부에서 모두 얘기하지만
여수시에서는 내부에서 떠들 수가 없어요. 지금도 주류 사회의
일부가 가해자이기 때문예요. 반대로 피해자가 지역을 떠났죠.
우리를 많이 지원했던 모 인사는 누구도 자신을 보호해 주지 않았기
때문에 교회로 도망갈 수밖에 없었다고 해요. 연구해 보면 아마
순천시에도 재밌는 현상이 많을 거예요.

그래서 시민들이 대단히 보수적이기도 하고 서로 신뢰를 잘 안 해요.
실제로 서로의 등에 칼을 꽂기도 하고. 지난번에 새누리당 이정현이
국회의원으로 당선된 건 일정 정도 본심이 나온 거라고 봐요. 저는

운동을 집단적이고 조직적이고 과학적인 방식으로 세상을 바꾸려는 움직임이라고 보기 때문에 뭐든 시민들이 시작을 해야 한다고 봐요. 내가 직접 해야 한다고 마음을 먹는 과정이 필요해요. 내가 사는 동네부터 바꿔야죠.

그런데 동네를 바꾸는 게 참 어려운 겁니다. 서울에서 중앙시민운동을 하는 게 차라리 쉽죠. 여기서는 익명이 안 되니까요. 내가 학교 다닐 때 성적이 어땠는지, 아버지 어머니는 뭐하시는지, 이런 걸 다 알아요. 특히 동네에서는 세상을 바꾸겠다는 액션을 취하는 순간 반드시 이득을 보는 사람과 손해를 보는 사람이 주변에서 생겨나요. 그로 인해 관계가 힘들어지죠. 그래서 지역운동은 내 편, 네 편을 가를 문제가 아니에요. 옳으냐, 그르냐만 따져야죠.

하승우: 저도 중앙보다 지역에서 운동을 하는 게 어렵다고 생각해요. 말씀하신 그런 어려움들이 있지요. 반면에 익명성의 공간이 가진 어려움도 있고 친밀함의 공간이 가진 장점도 있다고 생각합니다. 말씀하신 대로 누군가 나서서 뭔가를 시작하면 그것에 대한 지지가 만들어지기 쉬운 공간도 지역이죠. 비슷한 욕구와 필요를 가지고 있으면 그것이 함께함의 기반이 되기도 하고요. 아까 편 가르기의 문제를 지적하셨는데, 그것 때문에 어려움을 겪은 적이 있으셨나 봐요.

예산감시운동은 보수적인 운동이다

이상석: 제가 광주에서 욕을 얻어먹게 된 근본적인 이유는 광주광역시의 민간이전예산을 조사한 것 때문이에요. 지금은 예산 항목이 사업보조, 행사보조, 자본보조로 다 나뉘지만 예전에는 민간이전예산이라고 해서 묶여 있었어요. 전체 시청 예산 중 민간인이 집행하는 용역이나 위탁사업 등이 여기에 포함돼요. 광주광역시는 그 예산 규모가 7, 8년 전에 900억 원 정도 되었고요. 그때 2년 치 1800억의 영수증을 제가 다 봤어요. 그 영수증 양이 A4용지 40박스였는데, 그걸 다 엑셀로 코딩 작업해서 분석했죠.

하승우: 정말 집요한 성격이세요. 40박스가 배달되면 보통은 '아, 이걸 하지 말라고 이러는 거구나' 할 텐데요(웃음). 정말 그걸 다 분석하셨다니 대단하세요.

이상석: 아니, 그냥 한 거예요(웃음). 어떤 목적이나 개념을 미리 가지고 한 게 아니었어요. 제가 1981년부터 운동을 시작했는데, 세상을 바꿔야 한다고 얘기하던 사람들이 몇 번 꺾어지는 걸 봤어요. 1989년에 소련이 넘어가면서 꺾어지는 건 이해가 됐어요. 저는 없었지만 그들은 모델을 가지고 있었으니까. 그런데 지방자치가 도입되면서 또 꺾어지더라고요. 그때는 다들 정부로 들어갔어요. 국회나 청와대의 보좌관, 비서관, 4급, 5급 공무원으로 가면서 사람들이 이상해지더라고요.

어떻게 보면 저는 그럴 일이 별로 없었기 때문에 이 일을 오래 할 수 있었던 게 아닌가 싶어요. 단순히 문제가 있으니 봐 보자, 그래서 한 거예요. 이걸 가지고 순천시를, 광주광역시를 한번 엎어버려야겠다, 그래서 나의 사상과 세계관을 드러내야지, 세상을 바꾸고 유명해져야지, 이런 생각은 하나도 없었어요.

하승우: 원래 불의를 보면 못 참는 성격인가요? 의도는 없었다고 해도 평범한 성격이라면 하기 어려운 일 같아요.

이상석: 못 참진 않아요.

하승우: 그럼 지금까지 불의를 참은 적은?

이상석: 사람들은 제가 하고 싶은 대로 마구 하는 줄 알지만 그렇지 않아요. 온갖 정보가 다 들어오니 먼저 내가 할 수 있나 없나, 자료를 구할 수 있나 없나를 판단해야죠. 가령 유니버시아드대회의 문제점을 찾아내서 완전히 발본색원해 버리겠다, 이건 안 돼요. 불가능해요. 자료를 볼 수 없으니까요. 분하지만 어떻게 합니까. 그런 점에서 저는 보수주의자예요. 법을 지키자는 주의니까요. 물론 새 법을 만들기는 했죠. 그래서 광주광역시 재단법인 비엔날레가 정보공개청구 대상이 되었어요. 시의 출자분이 몇십 퍼센트 이상 넘지 않으면 못 한다고 해서 그 전에는 정보공개 청구 대상이 아니었거든요. 그렇게 교묘하게 빠져나간 게 테크노파크와

재단들이에요. 그런데 이제 재단들도 정보공개청구 대상에
들어갔어요.

아니면 저도 똑같이 화염병 던지고 돌 던지고 성명서 써야지요.
문제가 발생하면 성명서 읽고 물러나라, 바꿔라, 이렇게 말해야죠.
그런데 팩트가 없잖아요. 그걸 하기 싫었어요. 정부가 만든 원칙이면
그걸 먼저 지켜라, 이거였죠. 물론 울화통은 가끔 터집니다.
사람들이 저를 독하다고 하는 건, 인구도 얼마 안 되는 지역의
단체장을 고발해서 그걸 1심, 2심, 3심까지 끌고가 끝까지 법정에
세워 책임지도록 만든 일 때문일 거예요. 그게 인구 100만이 사는
도시와는 좀 다르거든요. 그리고 인구 27만 정도 되는 도시에서
공무원들이 벌금을 300만 원씩 물게 했으니까요.
지금 제가 하고 있는 예산감시운동은 주민참여예산제와는 좀 다른
면이 있어요. 이 운동은 정부가 정한 법의 테두리에서 그들이 그걸
지켰나 안 지켰냐를 보는 것이지 예산에 가치를 부여하는 건
아니니까요. 그러면 논쟁으로 가버려요.

하승우: 선생님이 지금까지 해온 일들의 중요한 부분은, 거대한
이념을 먼저 설계하고 거기에 맞춰 일을 배치했다기보다는 일상에서
계속 문제를 제기하며 세상을 조금씩 바꿔온 거라고 할 수 있겠네요.
그런 활동들이 더 늘어나야 거대한 이념도 실현되겠지요.

이상석: 나는 톱니바퀴 역할을 하고 싶지 태엽이 되고 싶지 않아요.
먼저 자기 역할 충실히 하며 그런 역할을 맡는 사람들이 늘어나는 게

중요한 거죠. 우리 인터뷰 글을 페이스북에 잠깐 소개했을 때 달린 댓글 중 하나가 놀라웠어요. 아, 이런 분이 있었냐고, 재야의 고수라고. 사실 서울에 알려지지 않아서 그렇지 지역에 많잖아요. 동네에서 정말 열심히 하는 사람들이 적지 많아요. 이런 일이 쳇바퀴 돌 듯 반복적으로 하는 일이다 보니 혼자서 하면 발전도 없고 사람도 안 붙고 그래서 어렵긴 하지만요.

하승우: 맞아요. 저도 전국을 돌아다니다 보면 그런 분들을 만나게 되거든요. 어떤 한 문제에 꽂혀서, 아니면 정부에 억울한 일을 당해서 그것만 파고드는 분들이 계셔요. 그런 분들을 좀 연결해서 한 단계 더 나아가도록 만드는 장치, 그런 걸 만들 수 있을까요?

이상석: 저는 사람들이 왜 죽을 때 돈을 대학에 기부하는지 참 궁금해요. 지역마다 특정한 역할을 맡아 운동하려는 사람들을 모으고, 그걸 확산시키는 작업을 할 필요가 있지 않나요? 서로 격려하며 '당신 참 잘 살고 있습니다'라고 말해 주는 것만으로도 큰 의미가 있거든요. 사실 기부금은 바라지도 않아요. 서울에서 운동을 벌이면 모델이 되지 않습니까. 그런 점에서 서울은 운동하기가 쉬워요. 익명의 공간이기도 해서 운동을 하다 피해를 보는 경우도 적고요. 하지만 지역에서는 이해 당사자와 바로 부딪치고, 정작 그 운동의 내용은 잘 알려지지도 않아요. 그래서 아쉬워요. 그런 점에서 지역재단이라는 게 만들어져야 하는 게 아닌가 생각하죠. 동네의 활동가 모임을 전국화하고 네트워크로

묶는 작업이 필요하다고 봅니다. 어떻게 보면 서울도 지역일 뿐이잖아요. 그런데 묘하게 서울에 있으면 서울시를 보는 게 아니라 중앙정부만 생각해요.

하승우: 저도 전국을 돌 만큼 돌아봤는데, 선생님이 말하신 만큼 사람들이 많지는 않던데요. 시 단위에는 그나마 단체라도 있는데 군 단위는 정말 아무 단체가 없어요. 물론 새마을회와 같은 관변단체들은 동 단위까지 다 있지만 지역사회를 바꾸려는 단체는 눈을 씻고 봐도 없더라고요. 군 단위에 자발적인 시민단체가 조직된 건 정말 손에 꼽히죠. 이런 상황에서 지방정부를 감시하는 모임을 만들자고 깃발을 드는 건 좀 위험한 일 아닐까요? 특히 지방정부가 민감한 예산 문제를 건드리는 모임을 만들자는 건 더더욱 그렇고요.

이상석: 그래서 '세금도둑잡아라'라는 단체를 만들게 된 거죠. 저는 지금도 동네로 들어가고 싶어요. 이렇게 말하면 좀 그렇지만, 밀양시라는 곳을 왜 못 바꿀까 생각해요. 사람들을 바꾸긴 어려워도 밀양시청과 밀양경찰서 이런 곳은 바꿀 수 있다고 보거든요. 밀양 송전탑에 쏟은 관심 중 일부만 쏟아도 가능할 걸요. 모 지역의 단체가 자문을 요청한 적이 있어요. 경찰이 자꾸 불러서 괴롭힌다고. 그래서 제가 경찰에 정보공개청구를 해버리라고 했어요. 수사비에서 협조수사비를 실제로 줬는지 안 줬는지를 밝히게 하라고요. 원래 참고인조사를 하면 교통비를 다 줘야 해요. 그런데 안 줘요. 경찰 예산이 적다고 하면서요. 그리고 사람들은 그런

예산이 있는 줄도 모르고요.

그것만이 아니죠. 경찰서 물품을 살 때 어떻게 샀는지, 경찰서 지을 때 어떻게 지었는지, 이런 걸 하나하나 다 따져보는 거죠. 사찰을 나왔다면 경찰관이 나올 때 어떻게 나왔는지, 위에 보고를 하고 나왔는지, 나온 뒤 출장보고서를 썼는지. 아마도 이렇게 하나하나 따지면 공무원들이 정말 힘들어할 거예요.

새로운 활동을 기획하라는 게 아니에요. 법대로 하라는 거예요. 자신들이 정한 법을 제대로 지켰는지 확인하라는 거예요. 너희들이 만든 법대로 너희도 한번 살아봐라. 이건 완전히 합법적인 거거든요. 그런데 이런 활동이 잘 안 돼요.

하승우: 그렇죠. 정부기관은 모두 규정에 따라야 하고 예산도 그에 따라 집행해야 하니까요. 결정을 내리고 집행하는 과정도 다 규정에 따라야 하죠. 그렇게 규정에 다 나와 있는 것이니 시민들이 그 규정에 따를 것을 요구하는 건 합법적인 운동이죠. 아마 그렇게 하면 공무원들이 힘들어 죽을 거예요. 제 몫을 안 하는 건 지방의회도 마찬가지 아닌가요?

이상석: 그렇죠. 그래도 자치단체를 견제하려면 지방의회를 살살 달래서 같이 가야 해요. 우리 같은 사람들이 지역에 들어가서 중요한 기관들을 확 바꿔버려야 해요. 그런데 대개의 경우는 찔끔찔끔 건드리다 말아요. 그러면 현안 해결도 잘 안 되고 하던 사람들 힘도 빠져요.

군수 한 명 바꾸겠다고 우르르 내려가는 게 아니라 시스템을 바꿔야 해요. 지금 군수 한 명 바꾸는 것으론 아무것도 안 돼요. 밑바닥이 안 바뀌면 다 부질없어요. 끊임없이 시스템을 바꿔줘야 해요. 그러니까 우리가 세상을 바꾸는 공부를 잘못 한 거예요. 저는 진지론 얘기를 많이 해요. 시스템을 바꾸고 사람을 바꾸고 그다음에 수장을 바꿔야죠.

하승우: 그 논쟁이 오래됐잖아요. 전쟁에 비유해서 좀 그렇지만 기동전과 진지전, 공중전과 지상전, 이슈파이팅과 풀뿌리운동. 기동전과 공중전, 이슈파이팅을 강조했던 쪽에서는 그랬죠. 저렇게 나쁜 놈들이 설치면 이 진지가 언제 허물어질지 모른다, 언제까지 땅만 파고 있을 거냐, 우리가 가질 수 있는 권력을 활용해야 할 것 아니냐.
저도 예전에는 풀뿌리운동에만 관심을 가지다 지금은 정당운동을 하고 있는데, 풀뿌리운동이 주민과 시민의 주체적 변화와 그들의 역량 강화를 강조했다면, 정당운동은 시스템의 변화를 강조하죠. 그런 면에서 한국에서 정당운동이 활성화되지 못한 점이 여러 심각한 문제들을 낳는 근본적인 문제가 아닌가 하는 생각도 듭니다.

이상석: 그래서 저는 내 방식이 최선이라고 하지 않아요. 다만 이런 방법도 있다고 얘기하는 거죠. 동네 운동을 하면서도 예전 광주의 시민단체들은 90프로 이상을 중앙정부 비판하는 데 힘을 썼어요. 왜 그러는지 모르겠어요. 지역에 있는 조직이면 지역에 60프로를

써야죠. 광주에서 대통령 욕하면 그게 청와대까지 들린대요? 동네 운동을 하면 지방정부가 의식할 수밖에 없거든요. 물론 지역에서는 관계가 다 얽혀 있어 쉽지 않지만, 그래도 누군가는 나서야지요.

하승우: 저도 동네에서 그래요. 〈옥천신문〉에 칼럼도 쓰고 한번 성당에서 세금 관련 강의도 했더니 동네를 다니다 보면 인사를 나누는 사람들이 많아요. 오늘도 아이랑 손잡고 학교에서 집에 돌아오는데 누가 인사를 해서 저도 같이 꾸벅 인사를 했죠. 그랬더니 아이가 누구냐고 물어요. 그래서 '응, 나도 잘 모르겠어' 했어요(웃음). 나중에 생각해 보니 누군지 알겠더라고요. 지역이란 곳이 그렇죠.

이상석식 3단계 추적론

이상석: 저도 그래요. 술 먹다가 누가 인사를 하기에 '저 아세요?' 했더니 '뉴스에서 봤어요' 하더라고요. 지금까지 나만의 독특한 노하우로 기획한 일이나 특별한 일을 했다기보다는 생활에서 벌어진 일을 누군가 지나가다 한 얘기를 듣고 자료를 모아 추적해서 그렇게까지 한 거예요. 그러니 정말 특별한 게 없다고, 누구나 할 수 있다고 저는 생각해요. 다만 저는 감시만 하는 게 아니라 고발하고 소송까지 간 게 독특한 거죠. 패턴을 그렇게 만들었으니까요.

하승우: 이 책이 출간되면 이상석식 패턴론 나올 것 같아요. 3단계 추적론. 제보나 검색을 통해 사안을 설계한다, 정보공개청구를 통해 그와 관련된 자료를 모은다, 고발한다.

이상석: 그런 점 때문에 단체를 만들 때 내가 지금까지 운동을 하면서 정말 하기 싫었던 것과 하고 싶었던 것을 유형화해 조직을 만들었어요. 그래도 살아오며 인복은 많았던 것 같아요. 순천에서 최초로 그런 조직을 만들 때에도 제 원칙에 동의한 사람들만 회원으로 받아서 단체를 만들었어요. 내 말에 동의하냐, 그럼 회비 내, 그렇게 만든 거예요. 광주광역시에서는 그렇게 하겠다고 결정하고서 나를 데려온 거고요.
저는 예산 감시를 하면서 무엇을 할 것이라고 기자회견을 해본 적이 없어요. 성명서나 기자회견은 '이미 고발을 했다'고 냈어요. 앞서

얘기한 민간이전예산 관련해서도 자료를 발표했어요. 그러니까 광주광역시가 반박자료를 냈고요. 그래서 출판물에 의한 명예훼손으로 바로 고발했지요. 그다음부터 광주광역시가 반박자료를 안 내요.

우리는 '고발을 하겠다'고 하지 않고 바로 고발해 버려요. 그러니 싸움이 안 되죠. 사안이 공개됐을 때는 이미 고발이 들어간 상태라 로비가 먹히지 않죠. 정말 잘했다고 생각하면 반박해라, 그러나 잘못했으면 조용히 해라, 이런 거죠. 그러니 관청은 사안이 확산되지 않기만을 바라지요. 우리는 팩트로 얘기하니까요.

저는 서류를 근거로 한 새로운 시민운동을 해보고 싶었어요. 정보공개법이 제정되며 그런 운동이 가능해졌고요.

하승우: 서울지역에서 스카우트 제의가 온 적은 없었나요?

이상석: 전혀 없었어요. 외려 저를 불편해하더라고요. 연대조직에도 들어가봤는데 결이 다르더군요. 거기는 어떻게 하면 지역에서 정치적 영향력을 발휘해 관청에 영향을 미쳐볼까 생각하는데, 저는 관청을 두드려 패서 바꾸는 거잖아요. 제 방식에 동의하지 못하면 같이 일하기 어렵지요.

하승우: 그래도 한 번도 없었다니 의외인데요. 선생님의 존재를 모르지 않을 텐데요. 가령 박원순 시장이 찾아온 적은 없었나요?

이상석: 희망제작소 만들 때 자치재정연구소를 같이 하자고 제안이 들어왔죠.

하승우: 아니, 그럼 제안을 받으신 거잖아요. 아까는 전혀 없었다면서요.

이상석: 안 한다고 했어요. 그리고 박 시장이 직접 하자고 한 적은 없어요.

하승우: 그건 제안이 없는 게 아니라 거절한 거잖아요(웃음).

이상석: 그것도 공식적인 제안은 아니었어요. 왜냐하면 시민사회단체연대회의를 중심으로 제안하고 모였는데, 제가 그 모임에 적극적이지 않았거든요. 앞서 얘기했던 광주시 민간이전예산 관련해서는 시민단체들도 정산을 똑바로 하지 않았더라고요. 그래서 다 문제를 삼았더니 이상석은 우리 편과 저 편을 구별하지 않는다고 뭐라 하더라고요. 그런데 저는 시민단체라도 시민의 세금인 예산을 올바로 잘 써야 한다고 생각해요.

하승우: 개인적인 이야기도 좀 해볼까요? 이렇게 열심히 해오셨는데, 세상은 왜 나를 잘 몰라줄까 후회된 적은 없으셨어요? 그동안 운동하시면서 후회한 적은 없었나요?

이상석: 지금도 후회되는 일은 잠깐 국회의원 선거를 도운 일이에요. 한 달 정도 선거 운동원들을 모아놓고 회의를 주재했어요. 끝나고 바로 짐을 쌌죠. 그때 많이 힘들었어요. 선거의 뒷모습을 다 봤어요. 나를 중간에 두고 아귀다툼하는 것도 봤고.

또 하나 후회되는 건, 내가 지금 아는 지식을 10년 전에도 알았다면 더 좋았겠다, 그런 생각을 해요. 지금은 검찰이 기소를 안 하면 그게 재정신청의 조건이 돼요. 그런 규정을 몰랐을 때는 공익인권법재단 공감의 도움을 많이 받았죠. 가방에 이렇게 서류를 넣고 서울로 가서 고발하고 그랬어요. 법률지식이 없다는 게 참…. 그래서 제가 정보공개청구소송과 행정소송실무에 관한 매뉴얼 북을 쓰게 된 거예요. 사실 별 게 아니지만 그런 일을 하려는 사람에겐 도움이 많이 될 거예요. 제가 정부를 상대로 최초로 간접강제신청이라는 걸 해봤어요. 그 당시 광주법원의 공무원들에게 다 비상이 걸렸었어요. 그들도 안 해봤으니까요. 한때는 일주일에 두 번씩 법정에 간 적도 있어요. 그러면 제가 변호사 사무실에서 나온 줄 알아요. 지금까지 1심만 60건을 했어요. 정보공개청구와 관련해 동영상을 찍어 가기도 했고요. 그렇게 해서 제가 조금식 세상에 알려진 거예요. 지금도 날마다 저녁에 하루 동안의 일에 대해 복기를 해요. 매일 부끄러운 일들이 있어요. 사안을 접하거나 사람을 만났을 때, 나만이 아는 내적 동요가 있으니까요. 지금도 잠이 안 올 때가 많아요. 후회되는 일도 많죠.

하승우: 그렇게 후회도 하고 조금씩 정리도 하며 살아가시는 모습이

참 좋습니다. 대부분 앞만 보고 달리느라 정신이 없고, 또 쥐꼬리만한 권한이라도 가지게 되면 완장을 찬 것처럼 세상을 재단하기 시작하잖아요. 앞으로 조금씩 나가면서도 계속 뒤를 돌아보고, 다른 이들도 나처럼 할 수 있도록 노하우를 공개하고, 나누고.

선생님이 세상에 드러난 존재는 아니지만 한국 사회의 부패를 억지시켜 온 소금과 같은 역할을 해오셨다고 생각합니다. 그런 점에서 참 고마움을 느끼고요.

4장. 시민운동은 지역운동에서부터

이상석은 2008년 전라남도 교육감과 광주시 교육감을
상대로 2006년부터 2007년까지
임대형민간투자사업(BTL) 추진 현황 및 협약 내용을
공개하라며 정보공개거부취소소송을 제기했다. 교육청이
협약서상의 비밀유지조항과 제3자 비공개 이유를 근거로
비공개 처분을 내렸는데, 법원은 실시협약서 내용을 모두
공개하도록 판결을 내렸다. 제3자와 관련된 경우라고
해도 개인의 영업상 비밀보다 공익이 우선하다는
판단이었다. 이를 통해 임대형민간투자사업에 들어가는
독소 조항들, 즉 사업비 과다계상, 업체수익 과다보장,
빗나간 수요예측 등에 대한 확인이 가능해졌다. 전국
최초로 내려진 이 판결로 임대형민간투자사업에 대한
민간의 감시와 확인이 가능해졌다.

"생각해 보면 정치가 세상을 바꾼다는 모토가 그대로 내려온 거예요. 정치만이 세상을 바꾸는 걸로 사람들이 착각을 하고 있어요. 물론 최종 문제에서는 그럴 수 있겠죠. 하지만 그걸 이뤄가는 과정에서는 정말 많은 사람들의 노력이 있어야 하는 거잖아요. 하루아침에, 아무런 이해와 요구가 없는데 정치가 바뀌지는 않죠. 그건 불가능한 얘기예요."

하승우: 오늘은 그동안 잠깐씩 나왔던 한국의 시민사회와 시민단체에 관한 이야기를 해볼까 합니다. 지나온 얘기에도 잠깐씩 나오기는 했지만, 오늘은 시민단체가 지방정부를 잘 감시하지 못한 이유를 본격적으로 분석하면 좋을 것 같습니다.

한국의 시민운동 제대로 가고 있나

이상석: 시민사회와 관련된 영역은 이론서가 많으니 제가 하면 거칠 거예요. 저는 기본적으로 시민단체도 지방의회와 똑같이 자기 목적을 분명하게 가지면 좋겠다고 생각해요. 가령 경실련(경제정의실천시민연합)은 경제만 보면 좋겠고, YMCA는 청소년문제에, YWCA는 여성문제에 집중하면 좋겠어요. 시민단체들이 점점 더 커져서 모든 사안에 종합적으로 개입하려고 하는데, 그러면 어느 것 하나도 제대로 하기 힘들어요. 이건 조직 구조상의 문제일 수도 있지만요.

저는 시민운동의 영역이 구체적으로 만들어진 게 경실련과 참여연대(참여민주사회와 인권을 위한 시민연대)부터라고 봐요. 그 전의 운동은 다 재야운동이었죠. 언제부턴가 대중에게 더 다가가기 위해 전문가들을 끌어들였는데, 운동의 필요에 따라 도구로 쓰려고 전문가를 끌어들였는데, 그만 시민단체가 전문가들에게 먹혀버린 거예요. 그래서 전문가들이 더 높은 자리로 올라서기 위한 디딤돌 역할을 시민단체가 하게 된 거죠. 전체적으로 조직의 성격이 묘하게 돼버렸어요. 특히 지역에 그런 문제가 많았어요.

하승우: 말씀하신 대로 경실련이 1988년에, 참여연대가 1991년에
만들어지고, 공추련(공해추방운동연합)이 환경운동연합으로 전환된
시점도 그 즈음인데요. 그러면서 대형 시민운동 단체들이
만들어지기 시작했죠.
처음엔 경실련도 토지공개념과 금융실명제 같은 경제정의가
목표였어요. 그 전의 사회운동이 재야운동 중심이었다면, 경실련
이후 시민운동이라는 말이 나오기 시작했죠. 경실련이 기존의
재야운동과 거리를 뒀다면 참여연대는 그런 간극을 좀 좁히겠다는
목적을 세우기도 했고요. 다른 한편에는 1991년 지방의회 선거를
시작으로 부활된 지방선거를 준비해야 한다는 생각이 있었던 것
같아요. 그러면서 본격적으로 시민운동이 시작되었는데, 다들
서울에서 만들어진 단체란 말이죠. 중앙 시민단체들이 지방에
지부를 만들기 시작했고, 회원이 늘어나면서 백화점식 운동, 시민
없는 시민운동이란 비판이 일어나기 시작했지요.
또 다른 비판은 수도권 중심, 중앙 중심 운동이라는 비판이었어요.
중앙 시민단체들의 지부나 참여연대라는 이름을 붙인 지역단체들이
중앙의 의제를 그대로 지역에 가져와 운동을 벌이기 시작했단
말이죠.

이상석: 그때부터 전문가 집단이 결합하기 시작했어요. 그런데 그
전문가 집단이 지역사회의 주류예요. 전에 말씀드렸듯이 여수시와

순천시의 경우 가해자의 후손이 시민단체의 대표급으로 간 거예요. 그 사람들과 지방자치단체의 정치인들은 대화가 가능하죠. 처음에는 지방자치단체의 정책에 반대하다 정부에 참여하는 형태로 갔다 이제는 서로 주고받는 형태로까지 간 게 아닌가 싶어요. 그중에는 재야운동을 하다 나와서 중심을 잡거나 철학을 가지고 간 사람들도 있었고요. 2000년대까지는 그런 흐름이 이어진 것 같아요. 90년대 초반부터 2000년대까지는 시민단체들이 온갖 문제 연구소였죠. 이쪽저쪽이 하는 일이 거의 비슷했어요. 지역사회에서 일어나는 온갖 문제에 다 개입하고 일반인도 할 수 있는 이야기를 하면, 그걸 또 지역 언론이 다뤄주며 오피니언 리더네 하며 또 다른 관변단체로 자리를 잡은 거죠.

하승우: 그런 변화가 단시간에 일어난 건 아니잖아요. 시민운동이 등장하고 난 뒤에도 노동운동이나 농민운동을 비롯한 사회운동이 계속 일어났고, 전문가들이 재야운동에서 대거 시민운동으로 넘어가기 시작했죠. 처음에는 전문가들이 사회운동과 시민운동 사이에서 줄타기를 한 것 같은데, 지금은 거의 대부분이 시민운동으로 넘어간 것 같아요.
그건 민주화의 영향도 있다고 봐야 할 텐데요. 과거에는 씨알도 안 먹혔던 정책들이 이제는 정부 내에서 실현 가능한 방향으로 다뤄지기 시작한 거죠. 진보적인 정책을 대변해 줄 정당이 없으니, 더 정확히 말하면 그런 정당을 만들 생각은 하지 않고 전문가들이 직접 행정부로 들어가기 시작했고, 그러면서 또 새로운 문제가 많이

발생했다고 봅니다. 그래도 지역마다 차이는 좀 있을 것 같아요.

이상석: 전라도의 경우 민주당이 오랫동안 집권한 지역이라 한나라당, 새누리당, 자유한국당이 집권해 온 지역들보다는 좀 낮죠. 뭔가 변화를 꾀하고 싶은 쪽에게는 더 적합한 지역이지 않았나 싶습니다.

하승우: 아마도 광주전남의 특수성이 있을 것 같아요. 광주나 전남 쪽에서는 시민단체와 지방정부가 별로 적대적이지 않은 거죠. 경상도로 넘어가면 완전히 다르거든요. 물론 거기도 관변단체들은 비슷할 테지만요.

이상석: 그렇죠. 그러다 보니 밤문화와 낮문화가 다른 거죠. 낮에는 서로 싸우고 충돌해도 밤에는 다시 만나 술자리를 갖고. 조직적으로 결정되지 않은 부분들이 밤에 술자리에서 만나 결정되기도 하고요. 광주전남의 경우 상당 부분이 인맥으로 엮여 있어요. 또 70, 80년대 운동했던 사람들이 정치권으로 많이 들어가며 선후배로 다 묶여버렸고요.
사람들이 오해할 수도 있겠지만, 저는 정책을 주려면 새누리당에도 주고 민주당에도 줘야 한다고 했어요. 왜 민주당만 만나냐고 했죠. 그걸 가지고 선후배들이 상당히 불편해 하더라고요.
또 하나 최근 시민단체에서 드러나는 문제가 실무자와 자원활동가들이 서로 부딪치는 거예요. 저는 그게 사무처장들의 문제라고 봐요. 물론 자원활동 구조의 문제도 있지만요.

사무처장이라는 위치가 엄밀히 따지면 위에서 받아 밑으로 던지는 역할을 하는 자리가 아니에요. 실무 책임자니까 위에서 날아오는 걸 막고 밑의 의견을 위로 전달해야 하는데, 이게 거꾸로 되어버린 거예요. 대표나 회원들이 요구하면 사무처장이 무작정 다 들어주는 거죠. 그렇게 해서 전부 밑으로 던지면 실무진에게 과부하가 올 수밖에 없어요.

제가 1970년대부터 고교YMCA 운동을 했는데, 그때는 간사들마다 방이 하나씩 있었어요. 같이 기타치고 놀다가도 '피(유인물) 뿌리러 가자' 하면 다 나와서 피 뿌리고 했단 말이에요. 그게 다 자발적인 거였어요. 언제 날짜 잡아서 가고, 너는 오냐 안 오냐 따지는 그런 상황이 아니었어요.

그리고 사무처장의 역할이 끝나면 다시 평간사로 돌아가 일하면 되는데, 꼭 나이가 들면 다른 곳으로 가려고 해요. 그 바쁜 와중에 대학원 다니며 박사학위를 따서 어찌 좀 해볼까 하는 거죠. 이게 순환구조가 안 만들어져서 생긴 문제라고 봐요. 50살을 먹었어도 임기가 끝나면 평간사로 돌아와야 하는데, 그런 인식을 안 갖더라고요. 비상식적인 것을 상식화하는 것을 운동이라 할 수 있는데, 우리 속에도 비상식적인 것이 너무 많은 거죠. 사무처장이 계급이 되어버렸어요.

하승우: 그런 사례가 참 많고 그렇지 않은 사례가 너무 적죠. 인권운동사랑방의 경우 대표가 없고 상임활동가들만 있어 각자 자기

활동영역을 책임지고 있는데, 다른 단체들은 그렇지 않거든요. 어찌 보면 시민단체의 활동이 백화점식으로 가면서 여러 영역의 정보를 취합해 쥐고 가는 사람이 필요해졌고, 그러면서 사무처장의 역할이 실무 책임자가 아니라 단체의 기획자가 돼버렸어요. 정보를 많이 가지다 보니 발언권이나 결정권도 세졌고요. 사무처장들의 사적 네트워크가 비공식적인 결정을 주도하기도 하고요.

이상석: 뒤집어놓고 보면 사무처장이 조직 내에서 가장 지식이 얕아요. 하나의 영역을 쥐고 활동하지 않으니 핵심이 없는 거죠. 자기 전문영역이 없어져버린 거예요. 물론 정치력은 탁월할지 모르지요. 그러니 나중에 정치를 하는 거겠고요. 사실 저는 사무처장이 왜 바빠야 하는지 이해가 안 돼요. 각종 회의에 왜 사무처장이 쫓아가나요? 각 담당 실무자들이 가면 되죠.

하승우: 그러다 보니 기업처럼 결재를 하는 구조가 생긴 거죠. 실무자들이 자기 영역의 활동을 주도적으로 기획할 수 없고 작은 예산 사용도 일일이 다 결재를 받아야 하고.

이상석: 그러니까요. 사무처장이 왜 결재를 하냐고요. 그래서 저는 순천시에서 '순천참여자치시민연대'를 만들 때, 대표도 의사결정에서 한 표만 행사하고 합의 안 된 얘기를 하고 다니면 제명시키기로 했어요. 그걸 아예 정관으로 성문화시킨 거죠. 그러니까 대표가 어디 가서 말을 함부로 못해요. 그리고 실무자들에게도 한 표씩 줬어요.

하승우: 그렇게 단체 구조를 만들었을 때 지역 내 다른 단체들의 반응은 어땠나요? 사실 저도 '시민이만드는밝은세상' 정관을 보고 깜짝 놀랐거든요. 단체의 의사소통과 의사결정 구조를 이렇게 만든 단체가 있었구나 하고 놀라웠어요.

이상석: 다른 단체들은 불편해 하죠. 어떤 이는 조직이 아니라고 말하기도 했어요. 왜냐하면 이런 조직은 밖으로 알리기가 어렵잖아. 하지만 우리는 싸움을 하기 위한 조직을 만든 거니까요. 거기에 동의한 사람들만 회원으로 받았고, 대표와 저만 공개하고 다른 회원들은 공개도 안 했어요. 기존의 시민운동 방식이 문제가 많다고 생각했으니 새로운 형태를 만든 거죠. '순천참여자치시민연대'가 초기 형태였고 '시민이만드는밝은세상'은 그걸 더 발전시킨 거예요.
또 하나, 우리 단체는 연대활동을 안 했어요. 보통 열 개 조직이 모여 연대활동을 하면, 기자회견에 세 명이 나와요. 말이 안 된다고 생각했어요. 그래서 연대활동을 하면 실무자를 보낼 거냐, 돈을 낼 거냐, 이름을 낼 거냐, 다 할 거냐, 이 중 하나를 고르라고 했지요. 이렇게 할 거 아니면 안 한다고 했어요.
나는 무지개 연대가 필요하다, 각자 자기 일을 하다가 누가 제안하면 제안한 조직이 간사단체가 되고 나머지는 다 붙어서 그 조직이 사안을 끌고가도록 해주는 게 필요하다, 그렇게 말했어요. 그런데 자꾸 상설 연대체를 만들어서 아무 힘도 없이 독자 사업을 하려는 거예요. 조직의 생리상 자기 사업을 할 수밖에 없는데 협의체가 무슨 힘이 있어 뭘 하겠어요?

하승우: 연대를 위한 상설 단체를 만드는 것에 문제가 많다는 거죠?
말씀하신 대로 자기 단체 하나도 건사하지 못하는 곳이 많은데,
사력을 다해 결합하지 않을 거면서 이름을 계속 걸어두려는 경향도
있고요. 그래도 지역에는 여전히 연대를 내건 단체들이 많잖아요.

이상석: 실무력이 없는 그런 단체들이 어느새 권력이 되어 있는
거예요. 거기서 결정되는 사안들이 한 번도 단체에서 사전에
논의되거나 사후에 통보되는 경우를 본 적이 없어요. 실무자가 가서
결정하는 게 아니라 대표 혼자 가서 결정을 해요. 그래서 시민단체
실무자나 대표급 중에 각종 위원회의 위원이 많아요. 촌에서는
시청에 들어간다고 하면 큰 힘이 있는 것처럼 느껴지거든요.

하승우: 그러면서 많지는 않지만 수당도 받고 관련된 용역이
떨어진다거나 권한도 생기겠죠. 지난번에 얘기하신 부산광역시
교통영향평가위원회도 기사를 검색해 보니 교수가
구속되었더라고요. 재밌는 건 실제로 벌어진 일인데 검색이 잘 안
돼요. 부패와 관련된 중요한 이슈인데 그만큼 회자가 안 된 거죠.
그때 같이 말씀하셨던 울산에 세워진 동상 건도 마찬가지고요.
그만큼 지역에서 이슈화가 잘 안 된다는 거겠지요. 성명서도 제대로
공유되지 않는 것 같아요.

이상석: 2005년 순천시에서 한번 문제를 제기했어요. 미술장식설치조례를 바꾼 사건이었지요. 미술장식설치조례를 보면, 공익 시설물을 지을 때 지역 예술가의 작품으로 조형물을 세우도록 하고 있거든요. 문화예술단체총연합회 회장을 서로 하려는 이유가 궁금했는데, 예총 회장이 당연직 심사위원으로 들어가더라고요. 나중에 보니 이 사람들이 다 사업을 가져가더군요. 그렇게 자기가 사업을 따와서는 조각하는 사람에게 하청을 주는 거예요. 그걸 순천시에서 잡았죠. 그래서 조례를 바꿨어요. 30명씩 위원 명단을 넣어 무작위로 회장을 뽑는 방식으로요. 그리고 제척사항을 넣어 관련자는 위원에 못 들어가도록 했죠. 위원들 쫓겨나고 난리가 났었어요. 그때 바로 그 사람이 문화예술배분위원회 위원으로 들어갔더라고요.

하승우: 순천시만이 아니라 다른 지역도 마찬가지겠지요. 아마 지금도 그런 일이 버젓이 벌어지고 있을 테고요. 지금은 법 때문에 조형물이 더 많이 설치되잖아요.

이상석: 주공아파트 지을 때는 다 조형물이 설치되죠. 그게 또 일반 기업의 경우는 비자금을 만드는 창구가 되기도 해요. 1억 원을 주고 만들었다지만 실제로는 가격을 후려쳐서 작업이 들어가고 그 밑에 제작하는 사람에게는 더 후려치고. 그래서 현장 소장이 비자금을 만들어주는 창구 역할을 한 적도 있어요. 잘 만들었다면 외진 구석에 두지 않고 건물 앞에 두고 자랑하겠죠. 그런데 조형물 대부분이 단지

구석에 있어요. 그리고 선거와도 관련이 있어요. 선거운동 해준 사람들에게 일을 주는 거죠.

하승우: 일종의 먹이사슬처럼 서로 연결되어 있네요. 말씀하신 것처럼 단체장, 공무원, 지방의회, 지방 언론, 교수, 시민단체만이 아니라 직능 단체까지 부패의 고리에 엮여 있지요. 그러니 그 고리를 끊기가 쉽지 않을 거예요.

몸집만 불리는 공룡이 사라져야

이상석: 지방정부 부패의 사륜이 있어요. 부패의 네 바퀴. 인사, 건설, 체육회와 예총 같은 직능 단체, 그리고 마지막은 지방정부의 용역이에요.

하승우: 보통 용역사업은 사업 타당성을 확보하기 위한 전 단계에서 진행되죠. 그래서 공사할 때 보면 공사비가 계속 올라가요. 처음에는 타당성을 확보하고 수지타산을 맞추기 위해 공사비를 낮춰놨다가 실제 공사가 들어가면 계속 올리는 거죠.

이상석: 도로, 지하철, 모두 그래요. 가설계, 실시설계, 집행까지 액수가 다 달라요. 저는 거의 30프로 증액된다고 봐요. 처음에 사업을 통과시키기 위해 금액을 적게 했다가 갈수록 늘리는 거죠. 예산이 3조 들어간다고 하면 의회에서 승인을 안 하니 2조 정도 들어간다고 해서 일단 사업을 통과시키는 거예요.

하승우: 그렇죠. 그러다 땅값이 올랐네, 기자재 값이 뛰었네, 뭐 구실은 많죠. 지난번에 말씀하신 바에 의하면, 일본에는 특정한 하나의 사안만 감시하는 모임들이 있는데 한국의 경우 시민단체의 규모는 크지만 일상적 부패의 고리는 제대로 감시하지 못하고 있는 거네요.

이상석: 공룡은 자기 몸을 유지하기 위해서도 많이 먹어야 하거든요. 어느 순간부터 시민운동도 상근자가 꼭 있어야 하고 사무실도 있어야 제대로 할 수 있다고 생각하게 되었지요. 일본은 그렇지 않거든요. 대부분 네트워크 조직이에요. 사무실 없이 NPO센터 같은 곳을 잠깐 빌려 회의만 하는 거죠. 그렇지 않은 한국은 유지비가 많이 들어 사무처장이 돈 모으는 역할까지 해야 해요. 총회 때는 사람도 불러 모아야 하고요.

하승우: 작년에 스페인에 갔을 때 보니, 그곳 단체는 공간도 없고 대표도 없고 상근자도 없더군요. 그런데도 어떻게 운영이 되냐고 물었더니, 스페인에는 빈 공간이 많아 공공기관의 회의실을 쓰면 된다고, 필요할 때는 지역단체 회의실을 빌린다고 해요. 상근자를 두지 않는 이유에 대해서는, 상근자를 둘 재원을 마련하다 보면 단체 활동이 고유한 사업이 아니라 모금에 집중되고, 상근자에게 정보가 집중되어 회원 단체가 아니라 상근자 단체가 되기 때문이라고 얘기해요. 그런데도 유지가 되냐, 어떻게 단체를 운영하냐 물었더니, 매월 총회를 하고, 총회 때 6개월 정도 역할을 맡을 사람을 선출해 그 사람이 활동한대요. 필요하면 연임도 하고 잘 못하면 소환도 한다고 하더라고요. 실제로 저희가 갔을 때 저희와 인터뷰한 사람은 국제담당 활동가로 선임된 사람이었고요. 스페인이라고 태초부터 달랐을 건 아닐 테고, 거기도 기존 단체에 대한 문제의식과 반성에서 출발했다고 해요. 단체들이 자기 사무실을 가지니 지역 주민과의 접촉면이 좁아지고, 상근자를 두니

상근자가 조직의 중심이 되었대요. 그래도 일이 되게 하려면 돈도 필요하고 상근자가 있어야 하지 않느냐고 물으니, 돈이 필요하면 모자를 벗어 돌리면 필요한 만큼의 돈이 들어온다, 할 일은 각자 분담한다, 이렇게 답하더라고요. 좀 부러웠죠. 몇 년 뒤에 다시 가보고 싶어요. 실제로 잘 버티고 있는지, 다른 고민은 안 생겼는지.

이상석: 시민단체도 프로젝트 중심으로 일을 하면 좋겠어요. 그런데 많은 회원들이 필요에 의해 해당 단체에 가입하기보다는 단체의 사람을 보고 가입한다는 게 문제예요. 상근자의 얼굴을 보고 회원으로 가입하는 거죠.
우리 단체는 모든 회원이 모든 결정에 참여하고, 결정에 대해 책임을 지고, 정보를 가져오는 역할을 맡아요. 물론 우리 단체에는 상근자가 있었지만요. 저는 처음부터 돈을 만들 생각이 없다, 내가 돈에 관심을 쏟지 않게 해달라고 요구했어요. 그래서 대표가 입금 안 하면 나는 단체 일 그만두고 간다, 나는 회원 숫자에 신경 안 쓰고 일만 하겠다, 이렇게 말했죠. 그런데도 10년 동안 우리 단체가 제게 일하지 말라는 얘기를 안 했어요.

하승우: 제가 만난 여러 사무처장들의 고민은 처장 이후의 자기 역할에 대한 고민이었어요. 어쨌거나 청춘을 운동에 바쳤는데 몸도 성치 않고 할 일은 마땅치 않고 가족들의 상황도 여의치 않고 그런 거죠. 새로운 일을 시작하기엔 능력도 부족하고요.

이상석: 어느 순간 자신을 다른 활동가들과 비교를 해서 그런 거예요. 나와 같이 일하던 사람들은 어떻게든 줄을 대서 국회로, 정치권으로 가 있는데 나는 뭔가, 이런 생각을 하는 거죠. 내가 왜 이 운동을 시작했는지에 대한 자문자답을 못하는 거예요. 술 먹고 외교하러 다니는 게 사무처장의 역할이 되다 보니 그런 거예요.

하승우: 그러면, 한국의 시민운동이 활력을 얻으려면 시민단체의 내부 시스템을 바꿔야 한다, 이렇게 생각하세요?

이상석: 더 나아가 시민 없는 시민운동에 대해 너무 연연할 필요가 없다고 봐요. 시민단체가 뭐 특별한 곳이 아니라 뜻이 맞는 사람들이 모인 곳이니 그냥 그 역할을 하면 되는 거죠. 대신 단체의 목적과 활동방식이 명확하고 투명해야겠지요. 그리고 너무 많은 일을 하려고 하면 안 되고요. 단체의 고유한 활동을 해야죠.

하승우: 김대중 정부 때 비영리민간단체지원법이 만들어진 후 시민단체들이 정부 지원을 받기 위해 앞다퉈 등록을 했었지요. 그런데 법에 따라 등록을 하려면 상시 회원수가 100명을 넘어야 하고, 최근 1년간 공익활동 실적이 있어야 하고, 법인이 아닐 경우 대표자 또는 관리인이 있어야 해요. 그러면 앞에서 얘기했던 일본이나 스페인의 방식으로 갈 수가 없잖아요. 그러니 시민단체가 매뉴얼에 따라 만들어지는 것처럼 비슷한 내부 의사결정 구조와 회원 구조를 갖게 된 거죠. 정부 지원을 받기 시작하며 사업 범위는

늘어났지만 조직 규모가 커지며 그 규모를 유지하기 위해 계속
프로젝트 사업들을 받아야 했던 거고요.

또 그때부터 솔솔 흘러나왔던 얘기들이 바로 '거버넌스' '협치' 같은
말이었어요. 통치의 경향을 가리키는 말인데, 마치 새로운 혁신의
방법인 것처럼 한국에 소개되면서 무조건 긍정적인 의미를 가지게
되었죠.

이상석: 저는 '협치'라는 말을 쓰는 사람들이 그 말뜻을 정확하게
이해하고 쓰는지 잘 모르겠어요. 협치에 참여하는 시민단체의
기준을 누가 어떻게 정할 수 있을까요? 지금처럼 행정부를 감시하는
조직으로 볼 거냐, 아니면 예전의 재야운동 조직으로 볼 거냐, 아니면
어렵고 힘든 사람들을 도와주는 복지단체로 볼 거냐, 이런 부분들이
먼저 논의되어야 할 것 같아요.

그리고 저는 정부가 시민단체를 직접 지원하는 게 좋은 건지 잘
모르겠어요. 직접 지원보다는 우편물에 대한 부분 지원 같은 게
필요하거든요. 지금처럼 돈을 직접 지원하는 건 좀 아닌 것 같아요.

하승우: 원래는 시민운동이 분화되면서 시민사회의 다양한
영역으로 스며들어야 했는데, 한국은 규모 있는 단체를 만들어
전문가 집단과 함께 마치 준정당처럼 활동했잖아요. 시민이 직접
나서도록 돕는 것보다는 정책 대안을 제시하고 제도를 바꾸는
방향으로 흘러왔죠.

이상석: 생각해 보면 정치가 세상을 바꾼다는 모토가 그대로 내려온 거예요. 정치만이 세상을 바꾸는 걸로 사람들이 착각을 하고 있어요. 물론 최종 문제에서는 그럴 수 있겠죠. 하지만 그걸 이뤄가는 과정에서는 정말 많은 사람들의 노력이 있어야 하는 거잖아요. 하루아침에, 아무런 이해와 요구가 없는데 정치가 바뀌지는 않죠. 그건 불가능한 얘기예요.

그런데 이걸 운동권은 가능하다고 보는 거예요. 과학자와 운동권, 깡패들만 그런 게 가능하다고 봐요. 이 사람들이 꼭 집단으로 움직이잖아요. 그래서 이들은 정보공개청구 이런 건 안 해요. 자기가 아는 시의원이나 국회의원을 통하면 더 편리하고 훨씬 영향력이 있다고 생각하죠. 하지만 저는 아니라고 봐요. 위에만 싹 바꾸면 세상이 다 바뀐다? 너무 조급한 거예요. 궁금해 하는 시민들 누구나 확인할 수 있어야 하니 공식 제도를 통해 변화가 이루어져야 하는데, 우리는 아는 사람에게 전화해서 필요한 서류 바로 받아 봐요. 그러면 일반 시민들은 어떻게 그 자료에 접근하나요? 몇몇 사람들만 하는 걸 민주주의라고 봐야 할까요?

하승우: 그렇죠. 누구라도 접근할 수 있는 통로를 만들고 넓혀야 하는데, 지금은 시민운동 진영에서도 선을 대서 일을 해결하려 들어요. 제가 아는 어떤 분은 지역에서 20년 정도 활동했더니 자신이 마피아인가 싶더래요. 예전에는 사소한 자료라도 그걸 얻기 위해 매번 피켓 들고 나가 싸웠는데, 이제는 시청에 전화 한 통 넣으면 해결된다는 거죠. 실무자들은 머리 싸매고 기획하고 있는데

지나가다 '그거 그렇게 해서 되겠어' 하며 전화 한 통 한다는 거죠. 그럼 실무자들은 또 얼마나 자괴감이 들겠어요.

이상석: 문제는 그런 자료는 출처가 애매해서 써먹지도 못한다는 거예요. 그러고 보니 제가 전에 풍물 강습도 하고 탈춤 강습도 했는데, 스무 명이 넘어가니 사람이 눈에 잘 안 들어오더라고요. 그러니 이렇게 물어볼까요? 실무자가 다섯 명 정도인 시민단체가 회원을 몇 명까지 직접 대면할 수 있을까요? 알아서 활동하리라 믿고 그저 지지하는 회원과는 다른 의미로, 그러니까 이러이러한 활동을 통해 지역사회를 바꾸고 살기 좋은 세상을 만들겠다는 의지를 가진 회원들 말이에요. 몇 명이나 가능할까요? 회원 1만 명, 5천 명? 이거 웃기는 거예요. 실무자들 골병들게 만드는 일. 저는 지금 있는 간사님과 13년 정도 일을 했는데, 처음부터 토요일 일요일에는 일을 안 했어요. 퇴근도 다섯 시 반이면 하고요. 딱 한 번 홈페이지가 개통되지 않아 밤 10시까지 일한 적이 있네요.

자기 역할에 충실한 작은 모임이 중요하다

하승우: 그렇게 많은 일을 하시는데… 그 시간에 다 끝나나요?

이상석: 우린 잡다한 일을 안 하니까요. 한번 합의하면 각자 일하도록 내버려둬요. 문제가 생길 것 같으면 미리 상의해서 결정하면 되고. 하루 종일 같은 사무실에서 둘이 거의 얘기를 안 할 때도 있어요. 각자 자기 일 하면 되니까.

하승우: 방금 선생님이 말씀하신 건 한국의 시민운동에서 그동안 항상 고민하면서도 해법을 찾지 못한 부분이거든요. 선생님 말씀대로 하면 충분히 가능한데, 결국은 대안이 없었다기보다 시민단체가 그 길을 택하지 않고 몸집 불리는 방식을 택해 온 거라 볼 수 있겠죠. 그래서 규모가 커졌고 정치적 영향력도 커진 듯 하지만 시민사회단체로서는 그리 건강하지 못하게 성장한 거죠.

이상석: 우리 간사님은 13년을 일했으니 이제 전문가가 되었어요. 그래서 내가 빠져도 괜찮아요. 물론 예산 부분은 제가 해왔으니 제가 해야겠죠. 그러니 같이 일정을 잡고 일을 진행하면 돼요. 저는 이렇게 세분화된 단체가 많아져야 한다고 생각해요.
그렇다고 참여연대와 같은 조직이 나쁘다는 게 아니라 모두가 그렇게 할 일은 아니라는 거죠. 어느 순간부터 시민단체들이 트렌드 중심으로 변했어요. 인권문제가 뜬다 하면 다들 인권을 외치고,

협동조합이 뜨면 전부 협동조합을, 환경문제가 생기면 전부 환경문제를 논하죠. 우리는 예산 감시만 했어요. 그 외에는 코멘트를 해달라는 요청이 와도 안 해요. 공부를 안 했으니까. 우리가 그렇게 갈 수 있었던 건 예산만 보겠다고 못을 박았기 때문에 가능했던 거죠.

하승우: 그래서 그 역할을 잘하신 거잖아요. 물론 어떤 면에서는 이름을 날리지 못하신 거지만(웃음).

이상석: 이름 날리고 싶은 생각은 없어요. 그래도 우리 동네에서는 알아주고요(웃음).

하승우: 저는 서울에서도 선생님 명성을 들었습니다. 어쨌거나 말씀하신 방향으로 시민단체들의 변화가 필요한데, 그런 선택이 활동가 개개인이 아니라 단체의 구조에서 비롯되어야겠죠. 그리고 시민사회가 그런 변화를 지지하고 단체들을 지탱해 줄 수 있어야 하고요.

이상석: 지역에 예산 강의를 가면 제발 한 명만이라도 예산감시운동에 투입해 달라고 말해요. 그런데 그게 잘 안 되더라고요. 평창올림픽 표를 지방자치단체들이 사주는 것만 하더라도 우리가 현황 조사를 작년(2017년) 11월부터 했는데, 우리 지역은 가능한데 다른 지역은 잘 안 돼요. 특히 표값만이 아니라

식비는 어떻게 할 것인지, 이거 특혜거든요. 평창올림픽특별법에 따라 지원이 가능하다고 해도 예산에 제대로 반영이 안 되어 있으면 문제소지가 있어요.

하승우: 중앙선관위가 평창올림픽특별법에 따라 지방자치단체가 미리 예산 편성을 해놓으면 괜찮다고 유권해석을 내렸어요. 사실 선거를 앞둔 상황에서 선관위가 이런 해석을 내린다는 게 이해가 안 돼요.

이상석: 모 도시는 표 500장을 사서 체육회에 줬고, 그걸 체육회가 선착순으로 나눠주겠대요. 그게 말이 안 되는 건데, 녹색당이 이런 부분을 감시하는 역할을 맡아도 좋다고 생각해요.

하승우: 시간을 조금만 들이면 될 텐데, 참 안타까워요. 당내에서 자주 얘기하는데, 나서는 사람은 별로 없고.

이상석: 얼마 전에 광주광역시 동구청이 해병대를 지원할 조례를 만들었어요. 이미 새마을조례도 있어서 새마을 관련해 장학금이 광주광역시에서만 2억 3000만 원이 나가요. 그런데 새마을만 지급하는 건 평등권 침해거든요. 해병대지원조례가 만들어지면 바르게살기지원조례, 자유총연맹지원조례도 만들어질 가능성이 있어요. 똑같은 관변단체들이니까. 해병대지원조례는 전국 최초일 텐데, 일단 지원할 수 있다고 근거 규정을 만들어놓으면 엄청난

예산이 나갈 수 있거든요. 이건 지방의회도 문제예요. 조례의 개정 및 폐지 권한을 가지고 있으니 적극 사용해야 하는데 잘 안 하죠.

저는 시민사회가 왜 소멸하지 않을까 하는 의문을 가지고 있어요. 생성과 소멸이 반복돼야 세포가 건전해져서 살아남죠. 시민단체도 마찬가지입니다. 우리가 재벌의 문어발식 확장을 비판하지만 시민단체들도 그렇잖아요. 언젠가 자기 역할을 다하면 해체되어야죠. 그러면 정말 멋있잖아요.

서울특별시는 어떤지 모르겠는데, 지역의 시민사회단체들은 지역 문제에 관심이 없어요. 이득과 손해가 분명하게 갈리니까, 그리고 지역의 권력 구조와 정면으로 부딪치니까. 그래서 지역사회의 문제를 잘 안 건드려요. 지역조직이면 지역문제를 8-9할 정도 해야 하는데요. 반면에 일본은 천왕제는 전혀 손을 못 대고 중앙정부 일에도 손을 못 대잖아요.

하승우: 시민단체들이 주장해 온 일을 스스로 내부화시켜야 하는데 규모가 커진 거죠. 사실 기업과 비교하면 그렇게 커진 것도 아닌데, 가끔은 기업보다 조직문화나 의사결정 구조가 못하다는 생각이 들 때가 있어요. 단지 규모만의 문제는 아닌 거죠. 그래도 분화가 필요하다는 점에는 동의해요.

이상석: 그래서 저는 20년 전부터 '무지개 연대'를 주장해 왔어요. 필요한 일이 있으면 누군가 제안해서 모이면 된다, 상설 연대는 필요 없다.

하승우: 지역에서 작게 분화된 형태도 필요하지만 강력하게 한 방을 날릴 조직도 필요하지 않을까 하는 게 제 고민이에요. 사실 그건 시민단체의 역할이 아니라 정당의 역할이겠죠.

이상석: 그렇죠. 정당이 제 역할을 하면 지금 시민사회단체들의 역할이 제법 많이 정리될 텐데요. 특히 정치 중심으로 움직이는 매머드급 조직은 사라지겠죠. 지역에 가 보면 큰 단체일수록 당원 같은 사람들이 대부분을 차지하고 있어요.

하승우: 그게 한국 사회의 역사였죠. 진보정당운동을 못하게 했으니까. 그러면서 딜레마에 빠졌죠. 정당도 잘 안 되고, 시민사회운동도 잘 안 되고.

이상석: 시민사회운동을 했던 사람이 정치를 하려면 진보정당으로 가야 하는데, 광주전남의 경우 민주당에 가고 싶어 안달이거든요. 말하는 내용을 보면 민주당 가면 안 되는데, 녹색당이나 정의당, 민중당에 가야 맞을 것 같은데 당선되고 싶어서….

하승우: 그게 일종의 코스잖아요. 사무처장이나 대표직을 지내고 나면 그다음 단계로 정치를 생각하죠. 그런데 당선 가능성만을 놓고 정당을 선택한다면 그들이 그동안 주장했던 가치에 대해서는 뭐라고 하려는지 알 수가 없죠. 당선되고 나서 잘하겠다고 하지만 그렇게 하는 실제 예를 본 적도 없고요. 대부분은 정당의 틀에 갇히거나 그

속에 숨어서 자기가 열심히 하고 있으니 이해해 달라고만 하죠.

이상석: 사실 각 정당들의 색깔이 세분화돼야 하잖아요. 그런데 지금의 정당들은 무슨 차이가 있는지 알 수가 없어요.

하승우: 그렇죠. 지금 자유한국당이 성소수자에 대한 차별을 금지하는 인권조례들을 폐지하는 데 앞장서고 있는데, 정작 자유한국당 윤리규칙 제20조는 "성적 지향 등을 이유로 정치적 경제적 사회적 문화적 생활의 모든 영역에서 어떠한 차별도 하지 아니한다"고 규정하고 있어요. 그러니 당규 위반이에요. 홍준표 대표를 비롯해 국회의원들이 다들 당내 징계를 받아야 해요. 얼마 전 충청남도 인권조례, 부산 자치구 인권조례 폐지를 주도했던 자유한국당 도의원, 시의원, 구의원들도 다 처벌해야 하고요. 자유롭게 정치활동을 할 수 없는 형편이다 보니 한국의 시민단체들이 정치적인 면에서 중립성을 가장하는 면이 많다고 봅니다. 게다가 요즘은 보수 정치인들이 '너희들 관변단체 아냐?' 이런 식으로 얘기하면 먹히고, 시민운동도 자유롭지 않은 거죠.

이상석: 제가 지역에 집중하자고 하면 시민운동 진영에서는 자꾸 너무 작은 걸 건드린다고 얘기해요. 그런데 저는 큰 건 시민운동이 못 건드린다고 생각하거든요. 그런 큰 문제는 경찰이나 검찰이 하는 거라고 얘기해요. 우리는 수사권도 없잖아요. 시민운동은 작은 것부터 하며 작은 원칙을 잘 지켜야 한다고 생각해요. 그래야 나중에

큰 문제가 닥쳤을 때 쉽게 풀려요. 그렇지 않으면 작은 문제도 못 풀어요.

그리고 지역의 일이 쉽다고 하는데, 정말 쉬울까요? 순천에서 활동할 때, 우리 단체에서는 현안과 관련된 사람과 밥을 먹으면 제명되었어요. 시청이랑 싸움할 때면 제가 순천 토박이니 시청에 근무하는 선배들이 밥을 먹자고 해요. 그러면 저는 돈을 가져가요. 그런데 이 사람들이 꼭 일식집으로 데려가요. 그러면 제가 대표에게 연락을 하고, 우리 단체 대표가 와서 계산을 해요. 저를 부른 쪽이 돌아버리죠. 밥을 얻어먹은 꼴이 되니까. 밥 먹고서 각자 내자고 하면 관계가 틀어질 테니 우리가 다 내버리는 거죠. 그런 문제가 계속 생겨요.

또 시민사회가 좀 더 정교해질 필요가 있다고 봅니다. 시민단체의 역할이 무엇이고 어디까지 참여할 것인지를 정리하면 좋겠어요. 역할 분담이 명확해야죠. 지방자치단체의 위원회에 들어가면 대표나 사무처장이 의견을 모아서 오지 않고 개인의 지식을 가지고 들어와요. 이게 치명타예요. 회의에서 논의한 내용이 지역이나 단체로 피드백이 안 되니까요. 그러니까 '지난번에 사무처장이 동의했는데' 또는 '나는 반대했다' 뭐 이런 식이에요. 안 되면 나와야 되는데 끊임없이 들어가서 표결에 참여해요. 그러고는 '나는 반대했다' 그래요. 이게 뭐에요. 이런 짓을 안 하면 좋겠어요. 위원회에 참여하는 것만이 참여가 아니거든요. 비판하는 것도 참여인데, 시민단체가 그걸 착각하고 있는 것 같아요.

하승우: 지금 하신 얘기들을 시민단체들이 모르고 있지 않을 거예요.

이상석: 그렇죠. 이론은 엄청나게 정리돼 있죠. 이제 운동이 좀 필요해요.

하승우: 선생님은 시민단체들이 제대로 건드리지 못했던 부분을 건드려 왔고, 그걸 제도화시켰던 거잖아요. 지난 인터뷰에서 그런 걸 '이상석 판례'라고 불렀는데요, 이상석 판례를 좀 정리한다면 어떤 게 더 있을까요?

이상석: 일단 임대형민간투자사업(BTL)이 있죠. 보통 임대형민간투자사업이 60가지 정도 돼요. 제가 예전에 교육청이 임대형민간투자사업으로 학교 짓는 걸 조사했는데, 요즘은 심지어 군대 막사도 임대형민간투자사업으로 지어요. 국방비를 줄인다면서요. 하지만 실상은 안 그렇거든요. 경전철도 임대형민간투자사업이고요. 보통 임대형민간투자사업은 정부가 필요해서 하는 게 아니라 기업이 기획안을 제안해서 진행돼요.

하승우: 그런데 밖으로는 정부가 기획하는 것처럼 알려지잖아요.

조금 더 정교하게 지역을 들여다봐야 한다

이상석: 전혀 안 그래요. 제가 초등학교와 중학교를 지은 내용협약을 공개하도록 했어요. 가장 큰 문제는 다 짓고 난 뒤에 학교를 인수받기 위해 위원회를 꾸리도록 되어 있는데, 그게 학부모위원회란 거예요. 학부모들은 자식이 볼모로 잡혀 있으니 공사가 제대로 됐는지 아닌지를 제대로 얘기하기 어려워요. 이미 학교도 한통속인데요. 그런데도 아직 이런 게 안 알려져 있어요. 시민단체들도 잘 몰라요.

하승우: 그러면 지금도 그럴 수 있겠네요. 시민들이 이런 일을 좀 알아야 할 텐데요. 정부가 하는 일처럼 보이는 일들이 사실은 기업의 이해관계를 실현하기 위한 것이고, 영업비밀이라는 이유로 제대로 공개조차 되고 있지 않다는 사실요.

이상석: 그래서 정보공개법을 바꿔서 반드시 처벌조항을 넣어야 해요. A라는 도시에서는 판례로 정보를 공개하라고 판결이 났는데 B도시에서는 똑같은 사안을 여전히 비공개로 처리해요. 단체장의 임기가 끝날 때까지 몇 년 끌어버리면 되니까. 이런 관행들을 바꿔야 해요.
사실 제가 하는 일들은 새로운 규정을 만드는 게 아니라 제대로 안 지켜지던 규정들을 지키도록 만드는 일이었어요. 사문화된 법조항을 살리는 일이죠. 예를 들어, 법에는 사전에 투융자심사를 받지 않으면

불이익을 받도록 규정되어 있는데, 그걸 아무도 안 지켰어요. 제가 순천시에서 처음으로 전국의 드라마 세트장에 대한 문제를 제기해 서울에서 발표까지 했어요. 당시 순천의 드라마 세트장이 60억짜리였거든요. 그 돈을 그냥 날려먹었는데 책임지는 사람이 아무도 없었어요.

하승우: 그런 건 사업하기 전에 심사를 거쳐야 했는데 안 받고 갔군요.

이상석: 처벌조항이 있음에도 적용을 안 했는데 제가 하도록 만들었죠. 그리고 정부가 앞으로는 제대로 하겠다고 발표를 했어요. 그런데 최근 행정안전부가 해당 사업의 기준금액을 더 높여서 개발을 부추기려 하고 있어요.

하승우: 그렇게 문제를 제기해서 바뀐 게 또 있을까요?

이상석: 원래 지방정부가 돈을 투자해서 만든 재단이나 출연기관은 정보공개청구 대상이 아니었어요. 그런데 그걸 문제제기해 지방정부 출연기관들도 정보공개청구 대상이 되었지요.

하승우: 앞서 광주비엔날레에 대해서도 얘기하셨는데, 그때 무슨 문제가 있었죠?

이상석: 총체적으로 문제였어요. 인사, 사업, 공사와 관련된 것도 있고요. 최근에도 문제가 있어서 우리가 조사를 했어요. 광주지역에서 좀 알려진 분인데 사업예산 20억 원짜리를 통으로 진행했죠. 부인이 관련된 일(감독 권한)을 할 때였어요. 20주년이라고 해서 20억짜리 사업을 책정하며 본예산에 안 넣고 추경에 넣었어요. 그 정도 규모 사업은 본예산에 계상해서 충분히 검토하고 진행해야 하는데 추경예산에 슬그머니 끼워 넣기로 진행하려다가 의회에서 좀 시끄러웠죠. 그 건을 정보공개센터가 지원하는 사업에 공모해 비용을 지원받아 문제를 찾았는데 아직 발표 전이라 아쉽지만 다 말씀드릴 수는 없네요.

지역에는 정치권력도 그렇지만 일종의 문화권력이 형성돼 있어요. 광주의 경우 건드리는 사건마다 광주일고 아니면 전남대 출신이 연결돼 있죠. 한 시민단체에 정보공개청구를 했는데 공문으로 답변이 오지 않고 제게 개인 서신을 보내온 경우도 있었어요. 몸이 아파 병원에 있으니 퇴원하면 서류를 챙겨 보내주겠다는 겁니다. 우리가 원한 것은 전해년도까지의 사업에 대한 결산서인데, 그걸 이제 챙겨서 보내주겠다니요. 그럼 광주시는 정산을 받지 않았다는 얘기지요.

또 다른 단체에 대해서도 광주광역시로 옮긴 뒤 2년 동안의 민간이전비용을 다 살펴봤어요. 지난번에 얘기했듯이 영수증까지 다 봤어요. A4용지 40박스를. 정보공개청구 비용만 200만 원 넘게 들었고요. 그렇게 살펴봤는데, 계획서와 정산서, 영수증이 18퍼센트밖에 안 맞아요. 한 단체는 공무원들이 대신 보조금 정산

서류를 작성해 주기도 하고, 또 한 단체는 자기 건물에 세든 사람들 전기세까지 보조금 지출 내역에 포함시키는 걸 봤어요. 지방정부가 관리감독을 하고 필요하면 감사를 나가야 하는데, 직무유기를 한 거죠.

하승우: 그것도 전수조사해서 발표하신 거죠?

이상석: 네. 광주광역시가 반박자료를 내고 우리는 명예훼손으로 고발했죠. 그 뒤로는 광주광역시가 반박자료를 다시 안 내요. 시가 거짓말을 하면 계속 싸울 게 아니라 명예훼손으로 걸어버리면 돼요.

하승우: 그럼 그 뒤로는 보조금에 대한 정산이 제대로 되었을까요?

이상석: 아무래도 그 뒤로는 좀 교묘해지거나 줄어들었겠죠. 완벽하겐 안 바뀌죠. 그렇게 되게 하려면 계속 모니터링을 해야 하는데, 우리도 그럴 여력은 없고요.

하승우: 그런 걸 지역단체나 주민들이 받아서 해줘야 할 텐데요.

이상석: 그렇지요. 동구는 우리가, 북구는 너희가, 이렇게 나눠서 해야 하는데 안 그러죠.
새마을회가 지역사회의 유지인 경우도 많아요. 그리고 단체들만 그런 것도 아니에요. 보통 지방정부가 지역의 버스회사를

지원하는데, 버스회사의 경우 도색작업비까지 다 받았는데 그
정산서가 없어요. 나중에 보니 버스회사 이사장의 연봉이 억대이고,
자기 친척들을 직원으로 넣어놨더라고요. 예를 들어 도색작업이라는
것도 그렇잖아요. 다른 공장에 가면 100만 원 들 게 자기 공장에서
하면 30-40만 원이면 되거든요. 그리고 100만 원으로 처리하는
거죠. 그렇게 지방정부의 돈을 빼먹으며 살면서 버스 정류장에
할머니 한 분 서 있으면 서지도 않고 그냥 지나가 버리고, 노선도
지들 마음대로 바꾸고. 그래서 제가 제안했어요. 동네 이장들이 전부
신고센터 역할을 하라고. 어느 어느 버스가 바로 가버리더라고
신고하라고. 그러면 바뀌거든요.

하승우: 조금만 더 관심을 가지고 지역을 둘러보면 얘기할 게 참
많은데 너무 관심이 없다, 이런 얘기로 다시 돌아가게 되네요. 한국
사회에는 권리 담론이 너무 없어요. 사람이면 인권이 있고 노동자면
노동권이 있는데, 그것을 정부에 요구할 수 있는데 말이죠. 그 권리를
요구하라고 하면 '아니 뭐 그런 것까지' 또는 '그거 요구했다가 잘못
찍히면 어떡해요' 이런 식으로 반응하죠. 권리에 대한 요구가 갈등을
만들거나 피해를 입힌다고 인식해요. 헌법상 행복추구권이 있는데
'왜 국가가 내 행복에 대해 책임을 안 지나' 이런 질문을 이제 해야죠.

이상석: 뭔가 문제가 생기면 바로잡아야지 그걸 당연한 것으로
생각하면 안 됩니다. 외국 사람들은 우리가 매년 자동차 보유세 내는
걸 황당해 하더군요. 우리는 특별세가 너무 많아요. 기한도 없고. 또

전 세계적으로 부가세가 일률 10프로인 나라가 없어요. 물품마다 다 달라야죠. 그런데 우리는 처음부터 10퍼센트였어요. 그래서 외국인들이 한국 오면 편해요. 외국 가면 계산기로 계산하거나 그쪽에서 계산을 해서 보여줘야 하는데 말이죠.

하승우: 주어진 것들을 당연하게 그냥 받아들이는 거죠.

손품과 눈품을 팔아야 지역이 바뀐다

이상석: 문제는 손품과 눈품을 안 판다는 거예요. 인터넷에 들어가 보면 관련된 사항을 금방 알 수 있거든요. 검색하면 이미 해놓은 사람들이 있어요. 그런데도 잘 찾아보지 않는 거예요. 제가 선거 때마다 손품, 눈품을 팔라고 많이 얘기해요. 우리 홈페이지에도 예산 감시하는 방법, 정보공개청구하는 방법 등 다 올려놨고요. 그런데 안 봐요. 그러면서 어렵다고 하거든요. 갑갑해요.

하승우: 시민들이 자기 권리를 자각하고 움직여야 하는데, 아직 그 얘기가 안 되고 있는 거죠.

이상석: 시민단체가 무슨 소방관도 아니고, 맨날 나서야 하나요. 이제는 시민단체도 시민들이 직접 싸울 수 있도록 PD 역할을 해야 합니다. 언제까지 우리가 주연배우 하고 음향 하고 무대 만들고 다할 거예요. 간사들의 역할은 PD예요. 그러니 누가 주연을 잘할까, 누가 조명을 잘 비출까, 그런 걸 판단하는 역할을 해야죠.

하승우: 그게 바로 '풀뿌리자치연구소 이음'이 얘기했던 풀뿌리운동의 방식이기도 해요. 시민단체가 문제해결사 역할을 고집하지 말고 시민들이 직접 나서도록 해야 한다는 거죠.

이상석: 제가 YMCA 시민중계실에서 일할 때 정말 중계실이라고

했어요. 대신 싸워주는 게 아니라 싸우는 법을 알려주는 거다, 절대로 대신 싸우지 마라, 상담원들에게 이렇게 얘기했지요. 우리가 다 해주지 않는다고.

하승우: 자치가 되려면 그렇게 스스로 움직이고 품을 팔아야 하죠. 우리나라에도 지방자치제도가 실시되고 있지만 주민들은 여전히 수동적이고 자신을 수혜자의 위치에 놓고 싶어 해요. 그런 태도가 돌고 돌아 갑자기 위기가 오고, 해고되고, 내몰리고, 내쫓기고… 이게 악순환의 고리인데요. 이걸 끊어야 하는데요.

이상석: 공무원이 무슨 저승사자예요? 공무원들에게 도통 물어보질 않아요. 그냥 물어만 봐도 돼요. 다만 공무원은 묻는 사람의 수준에 맞게 답을 하니 법도 찾아보고 판례 뭐가 있는지 알아보고, 그러고 나서 갑갑한 걸 물어봐야 공무원이 답을 잘 해줘요.

하승우: 준비를 하고 물어보란 말씀이시군요. 학교에서 예습 복습은 하면서 정작 우리 일상에서는 예습도 복습도 잘 안 하는군요. 내가 제기했던 문제가 어떻게 됐나 확인도 않고.

이상석: 그렇죠. 끝까지 안 가죠. 사람들이 저를 독하다고 하는데, 저는 독한 사람이 아니에요(웃음).

하승우: 한국의 학교에서는 자기 권리가 뭔지, 절대로 그런 걸 안

가르치잖아요.

이상석: 고등학교 때 노동법과 인권에 대해 가르쳐야 해요. 성에 관한 것도 마찬가지고요. 성추행, 성폭행에 관한 것도 미리 가르쳐야 해요. 안 그러니까 사회가 이 모양이죠.

하승우: 해야 할 것과 하지 말아야 할 것을 학교 내에서 체득하고 체험해야 하는데, 우리는 각자 성인이 되면 알아서 하라고 하는 거죠. 그리고 사건이 터지면 그때부터 움직이고.

이상석: 뭐가 그렇게 바쁠까요? 우리는 항상 어제보다 더 잘살기 위해 움직이잖아요. 어제도 잘살고 있었는데. 우리는 항상 잘살아야 한다고 끊임없이 되뇌죠. 그런데 그게 어떻게 가능해요? 그건 힘들게 살 때 얘기지 지금은 아니잖아요. 이런 성장이나 발전에 대한 열망이 시민단체에도 똑같이 있어요. 언론에 많이 노출되어야 힘 있는 조직처럼 여겨지고, 그러니 언론에 나오려고 항상 애쓰죠. 우리는 보도자료도 언론사를 가려서 뿌려요. 그리고 어설프게 기사를 쓰거나 보도자료도 안 읽고 질문을 하면 답을 안 해줘요. 다음부턴 보도자료도 안 줘요. 대신 날카로운 질문을 하면 다 가르쳐주죠. 엊그제 누가 우리 보도자료가 너무 어렵다고 했어요. 그냥 바로 인용할 수 있도록 써주면 좋겠다는 거예요. 팩트를 알려주면 기자가 공부를 해서 기사를 써야죠. 그래서 저는 안 해줘요. 전에는 기자회견 할 때 현장에 온 기자와 오지 않은 기자에게

데이터도 다르게 줬어요. 그래서 현장에 안 오면 불이익을 받는다고 소문이 났죠.

하승우: 시민사회가 성장해야 정부나 권력이 축소되기도 하고 대등한 관계에서 진짜 협치가 되잖아요. 지금 문재인 정부의 분권 로드맵은 중앙정부의 권한을 떼서 광역 자치단체에 뿌려주겠다는 건데, 그게 문제예요.

이상석: 답답하죠. 수직적인 권한이나 재정은 내려올지 몰라도 수평적인 부분은 어떻게 할 거냐는 거죠.

하승우: 어떤 이들은 그렇게 주민들에게 권한을 주면 관변단체들이 다 가져가서 더 힘들어질 거라고 얘기해요. 누가 관심이나 있겠냐는 거죠.

이상석: 지역의 사법당국이라 할 검찰과 경찰이 썩어 있는데, 돈을 줘봐야 예전의 혁신사업들과 똑같이 될 거예요. 지금도 자치단체장의 권한이 황제에 가까운데, 여기에 권한을 더 실어준다? 저는 문제가 있다고 봐요. 문제가 있어도 의회에 힘을 실어주는 작업, 검찰과 법원을 올바로 세우는 작업이 같이 가지 않으면 의미가 없다고 봐요.

하승우: 두 가지겠죠. 말씀하신 대로 지방의회의 권한이 강해지면서

자치단체 내에서 단체장을 견제하는 것, 다른 하나는 주민들의 자치력이 강해지면서 단체장과 지방의회를 감시하고 견제하는 것. 이런 것이 필요한데, 그 힘을 어떻게 만들 것인가라는 부분에서 중앙정부도 답이 없고, 어떤 면에서는 시민의 힘이 강해지는 부분을 크게 바라지도 않는 것 같아요.

이상석: 지방의회를 때려야 하지만 다독이며 같이 가야 한다고 저는 얘기해요. 의회는 단체장처럼은 못해요. 문제는 지방의회가 단체장과 짬짜미를 할 때 어떻게 할 거냐죠. 그래서 언론과 시민사회가 역할을 해야 하고요. 이게 지금 문제예요. 게다가 경상도, 전라도는 일당 독재이고.

하승우: 그러니 분권을 분권으로만 접근하면 답이 안 나와요.

이상석: 지금도 자치단체에 돈이 많아요. 그런데 맨날 돈이 없다고 주민들에게 징징거리고 중앙정부를 협박하죠. 저는 지금껏 단체장이 예산을 이렇게 이렇게 아껴서 썼다고 하는 사람을 한 번도 못 봤어요. 항상 배가 고프대요. 무슨 거지도 아니고. 완전한 건 아니지만 있는 돈을 가지고 적절하게 잘 썼다고 하지 않아요.

하승우: 성남 이재명 시장이 얘기되긴 하지만 거긴 또 재정자립도가 워낙 높은 곳이거든요.

이상석: 그런 점에서 지방자치파산법이 제정되어야 해요. 책임을 져야 합니다. 지금처럼 축제 많이 열고, 메가 스포츠대회 유치하고, 사회기반시설을 많이 깔면 망해야 돼요. 한국의 제도는 일본과 달리 지방정부 파산이 안 돼요. 일본 북해도 유바리시의 경우 부도가 났거든요. 그래서 사회복지시설 다 줄이고 부자들 이사 가고 그랬어요. 한국에는 이런 게 없어요. 그러니까 지방정부가 마음대로 하는 거예요. 그리고 지방선거 때는 주민들 볼모로 중앙정부 욕만 하면 된다고 생각해요. 그러니 분권과 파산법이 같이 들어와야 합니다.

지역 주민들도 당해 봐야 알죠. 그런 것 안 하니까 주민들도 축제를 좋아해요. 전국이 다 똑같아요. 축제 전야제에 전체 예산의 3분의 1을 써요. 전야제 프로그램도 다 똑같고요. 교통방송, KBC, MBC 등 방송사가 전야제를 기획해요. 그러니 특색이 있겠어요? 그나마 잘된 게 화천산천어축제 정도예요. 축제는 수도권을 끼지 않으면 다 망해요.

하승우: 제가 테마파크들을 조사해 봤는데, 되는 건 에버랜드, 롯데월드, 서울랜드뿐이에요.

이상석: 요즘은 축제 놀러가면서 물까지 다 싸가지고 가요. 지역 경제에 도움이 안 돼요. 부산의 자갈치축제도 영수증을 봤더니 문방구에서 쓰는 간이영수증이에요. 그런데 부산지검에서 무혐의판결을 내렸죠. 고의성이 없다고요. 부산지검이 굳이 설명해

주겠다고 오라고 하대요. 아니 배임횡령인데 고의성이 없다는 게
말이 되냐고요.

하승우: 군 단위 예산에서 농업예산 부분도 심각해요.

이상석: 농업예산을 대농들이 엄청 가져가죠. 소농들은 손도 못
대고요. 차라리 그 돈으로 부채 탕감하는 게 더 낫다고 생각해요.
시골에 가면 고령화되어 농약을 잘 못 치는데, 그걸 요즘은 2억짜리
드론으로 해요. 농협이 돈을 절반 내는데 그걸 자기들 것으로
해버리죠. 업체랑 짜고 가격을 두 배로 올려 부르기도 하고요.

하승우: 말씀하신 대로 곳곳에서 물이 새고 있으니 일단은 어디에서
물이 새는지부터 점검해야겠네요. 그리고 물이 새게 된 이유를
분명하게 밝혀 책임을 묻고 고장 난 부분을 고쳐 관리를 잘할 사람을
그 위치에 세워야겠고요. 이렇게 해야만 우리가 사는 세상이, 앞으로
살아갈 세상이 조금은 더 공정하고 공평해질 것 같습니다.

5장. 아무것도 안 하면 아무것도 아닌 거죠

이상석과 오윤화는 2005년 '순천참여자치시민연대'라는 단체가 만들어질 때부터 함께 일했다. 업무 추진비와 홍보비, 단체장 공약사업 등에 대한 정보공개청구를 통해 자료를 확인하고 담당 공무원과 단체장을 검찰에 고발했다. 그 뒤로도 두 사람은 '공익재정연구소'와 '세금도둑잡아라'로 이어지는 단체 활동을 함께하고 있다. 둘은 정보공개청구와 예산분석을 무기로 시정과 의정, 언론, 부당한 권력행사, 정경유착, 채용비리 등 지역에서 벌어지는 대부분의 현안에 개입하고 있다.

"자기 마음에 드는 단체에 돈을 내거나 단체 활동에 관심을 가져주면 좋겠어요. 그 외엔 방법이 없어요. 누가 대신 안 해주거든요. 그리고 내가 만들지 않은 세상은 다 허상이에요. 내가 직접 개입해야 하는 거죠. 누구도 내가 원하는 세상을 만들어주지 않아요. 아무것도 안 하고 입만 갖고 있으면 참여 안 한 거예요."

하승우: 이상석 선생님과 인터뷰를 할 때마다 한 번씩 등장하세요. 이상석 선생님과 같이 활동해 온 분은 시민운동에 대해 어떻게 생각할까 궁금했습니다. 이상석 선생님을 만나면서 활동을 시작했다고 들었는데, 처음에 시민운동에 참여하는 게 부담스럽지는 않으셨나요? 직접 알던 사이도 아니고 소개를 받았다고 들었는데요.

지루하지만 누구나 할 수 있다

오윤화: 기존의 시민운동이나 단체 활동이었다면 이 일을 하겠다고 하지 않았을 거예요. 그런데 지금까지 제가 알고 있던 활동과는 전혀 달랐어요. 구호를 외치거나 시위를 하거나 현장활동을 할 줄 알았는데, 막상 사무실에 출근하니 이만한 테이블에 서류가 가득 쌓여 있는 거예요.

제가 이상석 선생님께 처음 건네받은 서류가 시장의 업무추진비 내역이었어요. 그걸 연도별로 정리해서 얼마를 썼고, 총액은 얼마고, 건당 얼마씩 썼는지, 제일 많이 쓴 건 뭔지 추려보라고 말씀하시는 거예요. 얘기를 들어보니 밖으로 나가는 일도 없고, 정보공개 일이 뭔지는 잘 모르겠지만 서류를 정리하는 정도라면 나도 할 수 있겠구나 생각했죠. 이런 활동이 처음이었는데 저랑 잘 맞았어요. 밖에 나가서 활동하는 것보다는 자료를 검색하거나 서류를 정리하는 일이 저와 맞았어요. 아마 그런 일이 아니었다면 안 한다고 했을 거예요.

하승우: 이상석 선생님의 말을 들어보면 누군가를 고발하면 사무실로 전화도 많이 온다던데, 그런 건 괜찮으셨나요?

오윤화: 그런 데에는 공식 자료로 공식적으로 답변만 하면 되니까요. 개인에게 공격이 들어오는 것도 아니고요. 물론 같은 얘기를 반복해서 해야 하는 게 피곤하긴 하지만 공식적인 답변을 하는 거라 크게 어렵진 않아요. 제게 힘든 일은 인간관계를 맺으며 교류하는 거예요. 고발 후 걸려오는 전화에 대응하는 일은 인적 교류를 할 필요가 없으니 차라리 편했지요.

하승우: 일의 형태가 잘 맞으셨단 거네요. 그런데 일의 내용도 잘 맞으셨나요? 업무추진비나 예산 같은 건데, 어떤 이는 숫자만 봐도 머리가 아프다고 하잖아요.

오윤화: 일의 내용이 형태와도 맞물려 있는데요. 다 규정이나 법률이 있기 때문에 거기에 맞는지 안 맞는지만 따지면 돼서 깔끔했어요. 제가 판단할 여지가 있는 게 아니라 관련 규정을 찾아서 그 규정에 따라 맞는지 안 맞는지를 확인하는 거니까요. 이상석 선생님이 항상 하는 말씀이 '드라이하게'(웃음).

하승우: 두 분이 참 잘 어울리시네요. 이상석 선생님이 맨날 하시는 얘기를 지금 똑같이 하고 계세요.

오윤화: 저는 해석상의 여지를 많이 두는 일이 오히려 더 불편해요. 저희가 조사를 해서 발표할 때도 어떤 가치를 두고 '이건 잘못됐어' '이렇게 집행하면 안 돼' 하는 게 아니라, '실제 규정은 이런데 이렇게 돼 있더라', 여기까지 얘기해요. 그래서 깔끔하다고 생각해요. 한 가지 스트레스는, 규정을 살피고 숫자가 외부로 나가는 거라 근거가 명확해야 한다는 거예요. 규정을 다 찾아서 잘못 적용한 게 없는지, 진짜 다 맞는지 확인해야 해요. 제가 이 일을 하면서 법령 찾는 걸 정말 잘하게 되었거든요. 판례나 이런 걸 홈페이지를 뒤져서 잘 찾아요. 특히 업무추진비 소송에서는 대법원 판례가 중요하거든요.

이상석: 저보다 훨씬 더 잘 찾아요.

오윤화: 혹시라도 자료가 잘못되면 안 되기 때문에 숫자가 정확히 맞는지 외부로 나가기 전까지 계속 확인해요. 그래도 틀리는 경우가 있어서 두 번인가 정정한 적도 있어요.

하승우: 지금까지 두 번 정정했다는 건 못 한 게 아니라 엄청나게 잘한 건데요.

이상석: 팩트를 전문으로 할 수밖에 없는 건 소송과 관련돼 있어서 그래요. 상대방과 판례 싸움을 해야 하는 경우가 많거든요. 변호사들이 잘 몰라요. 외려 우리 오 간사님이 훨씬 더 잘 알아요.

오윤화: 저는 자료를 잘 찾죠. 13년을 했으니까요. 그렇지만 밖에 나가 다른 단체들과 교류하고 조직을 구성하는 일은 못해요.

하승우: 이 일에 맞추신 거예요, 아니면 원래 그런 성격이셨던 거예요?

오윤화: 활동적이지 않은 것, 자료 찾는 일을 좋아하는 건 성격에 맞는 부분이에요.

하승우: 저는 다른 지역에 강의를 갈 때마다 얘기해요. 다 같이 모여서 하는 건 좋은데 모두 똑같이 하려고는 하지 말라고요. 여기에 숫자 보는 거 좋아하는 사람이 분명 한 명은 있을 거다, 그러면 그분에게 숫자 보는 걸 맡겨라. 그리고 전해들은 얘기를 다른 사람들에게 잘 전파하는 사람 역시 여기 있을 거다. 그럼 그분께는 숫자 보는 거 말고 전파하는 역할을 맡겨라. 이렇게 팀을 짜서 역할 분담을 해야지 A부터 Z까지 다 같이 하려고 하면 안 된다고 말해요. 그런 면에서 두 분은 합이 잘 맞으신 거네요. 두 분은 몇 년부터 같이 일하기 시작하신 거죠?

오윤화: 아마 2005년 7월인가, 8월인가 그럴 거예요. 처음에는 이 일이 쉽지 않았어요. 너무 힘들어서 중간에 그만두고 싶다는 생각도 했고요. 공공기관이나 상대 기관으로부터 어떤 대응을 받는다는 것 자체가 큰 스트레스거든요. 고발하려고 고발장을 쓰고 자료를

준비하다 보면 걱정이 되는 거죠. 진짜 내가 하는 일이 맞는 건가 하는.

솔직히 서류를 보는 일이 지루하긴 하죠. 적성에 맞는다고 해도 정말 지겹다, 지루하다, 이런 생각이 계속 들 때도 있어요. 기한에 맞춰서 보고서도 써야 하고, 일하면서 계속 스트레스를 받긴 하죠. 똑같은 일을 반복하니까요. 정보를 받아서 집계하고 정리하는 일은 사실 끝이 안 보일 때가 많아서 지겹게 느껴질 때가 자주 있어요.

하승우: 이상석 선생님은 매번 일반 시민들도 시간 내서 앉아서 하면 된다고 말씀하시거든요. 정말 그렇게 생각하시나요?

오윤화: 그렇죠. 앉아서 시간을 들이면 할 수는 있죠. 대신 인내심이 필요하긴 하죠.

이상석: 아까 말씀하신 대로 모두 나서서 일할 건 아니지요. 책상에 앉아서 꼼꼼히 정리할 만한 사람이 하면 돼요. 어떻게 보면 활동가는 연출가예요. 조명 잘 쏘는 사람, 연기 잘하는 사람 등등 각자 잘하는 일을 하도록 역할을 주는 거죠.

하승우: 그러면 일을 시작하면서부터 순천에 사셨던 건가요?

오윤화: 학교를 순천에서 나왔어요. 고향은 시골이에요.

하승우: 그러면 순천 내에서 엮일 연고는 없으셨겠네요. 지금까지 다룬 사건들 중 인상에 남는 것 하나만 얘기해 주세요. 힘들고 피곤해서 그만해야 하나 싶었는데, 이 사건을 접하면서 이 일을 계속해야겠다 생각한 그런 사건.

오윤화: 처음 하게 된 일이 순천시청의 허위공문서 사건을 고발하는 기자회견이었어요. 그때 저희가 단체명을 두 개로 쓰고 있었는데, 아직도 기억이 정확하게 나는 게 2005년 8월 8일에 한 번 자료를 청구하고, 8월 12일에 다른 단체 이름으로 다시 청구한 거예요. 제가 실수한 거죠. 처음 들어와서 잘 몰라서. 이걸 어떻게 해야 하나 고민하던 중에 자료가 왔는데, 두 개가 서로 달랐어요. 그때까지 저는 공무원들이 만든 문서는 틀리지 않을 거라고, 정확할 거라고 생각했거든요.
그때 지금까지 알고 있던 것과는 다르구나 생각했고, 그걸 고발해 벌금형이 나왔어요. 아, 고발을 하면 결과가 나오고 벌을 받는구나, 그게 신기했죠. 그 전까진 고소나 고발과 전혀 관계없이 살아온 사람이었으니, 신기할 뿐이었죠.

이상석: 나는 뭐 고소 고발, 이런 거 좋아하는 사람인가요(웃음).

오윤화: 다른 사안들도 그래요. 지방자치단체가 조례 같은 걸로 지정할 수 있는 게 있잖아요. 예를 들어, 토석채취 허가에 대한 각도 규정에서 몇 도 이상 채취하지 마라, 수의계약에서 몇백 만 원

이상은 수의계약하지 마라, 이런 걸 시에 요구했는데 그게 다
관철되는 거예요. 그리고 미술장식설치조례라고 있어요. 그걸 제가
처음 공개질의서를 써봤거든요. 우리가 질의서를 넣을 예정이니
이러이러한 문서를 만들어보라고 하셨어요. 그래서 질의서를
보냈는데 통과가 안 됐어요. 그런데 다시 질의서를 보내니 응답이
오고 주장한 의견이 관철되더군요. 그걸 보며 바뀌긴 뭔가
바뀌는구나 생각했죠.
광주비엔날레도 원래 정보공개청구 대상이 아니었거든요. 그런데
이상석 소장 이름으로 그 부당성을 지적하고 정보 공개 대상에
포함시켜야 한다고 주장했는데, 국가권익위가 그 주장을
받아들였어요.

이상석: 나는 광주시장 업무추진비 행정소송이 더 기억나요.
업무추진비 재판에서 판사들이 권고했던 것. 그게 광주에서 첫 번째
정보 공개였고 첫 재판이기도 했어요. 당연히 정보 공개에 응할 거라
생각했는데 안 주고 버텨서 결국 소송까지 갔거든요. 그 과정에서
재판장이 화해권고를 했는데, 우리가 안 받았죠.

하승우: 법정에서 그런 일이 있을 경우 오 선생님은 어떠세요?
화해권고를 했는데 안 받으면 일을 계속해야 하는 거잖아요.

오윤화: 그럼 계속하는 거죠. 저는 기계적으로 하는 편이에요.
'화해권고 안 받을 거야. 그러니 완벽하게 서류 다 달라고 공문

작성해서 보내.' 그러면 저는 공문 작성해 확인받아 보내는 거죠. 일을 더 하고 말고를 결정하는 건 제 몫이 아니고, 어차피 결정이 내려져 계속 추진되는 일이니까 제가 중간에서 '여기까지 한 거면 충분한 거 아니에요' 이렇게 판단하지 않아요. 실제로 보고서를 써야 하는 입장에서 보면 자료는 많이 나오면 나올수록 좋은 거고요.

하승우: 정말 비슷한 성격이시네요(웃음).

이상석: 뭐가요, 저하고 전혀 달라요.

하승우: 뭐가요?(웃음).

오윤화: 실제로 집계를 내는 입장에서는 자료가 되도록 구체적이고 관(官)이 인증하는 자료일수록 좋거든요. 그때 광주광역시에서도 민간이전예산을 다 받아서 정리해 발표했어요. 그런데 광주광역시청이 그게 아니라고 반박 글을 낸 거예요. 자료를 다 받아 검토해서 공개했는데요. 그래서 재반박하다 보니 만약 자료가 정확하지 않고 구체적이지 않았다면 이대로 묻히거나 헛수고가 될 수도 있었겠다는 생각을 했지요.

하승우: 한번 시작하면 끝을 봐야겠다, 이런 생각이 있으시죠? 이건 유도심문이었군요(웃음).

오윤화: 저희가 정보공개를 청구해서 자료를 받아놓고 밖으로 발표하지 않은 자료들도 있거든요. 소송해서 받은 자료도 밖으로 안 내보낸 게 있고요. 우리가 정보공개청구해서 받은 자료는 밖으로 나가는 것보다 수배 더 많아요. 자료를 정리해서 만들어놓은 것들도 안 나간 게 꽤 있고요. 광주광역시 어등산개발사업 같은 경우가 그래요. 그 사업의 문제점에 대해 자료를 써놨는데, 사업 자체가 흐지부지되고 사업자가 바뀌고 법원에서 화해조정권고가 나면서 발표를 안 했지요.

이상석: 그런 것들이 제법 있었죠. 비엔날레 건도 있고.

하승우: 내가 하는 활동이 한국의 지역사회를 바꾸는 계기가 되고 있다는 생각을 하시겠네요.

오윤화: 딱히 제가 활동해서 그렇다고 생각하지는 않아요. 비엔날레 관련해서는 법이 개정되기 전에 지방자치단체에 조례를 개정하자고 의견서를 다 보냈어요. 자치단체에 정보공개조례가 있으니까요. 그거 보내고 얼마 후 법이 개정됐고요. 권고를 내리게 된 한 계기가 비엔날레 사건이었으니, 바뀌긴 바뀌는구나 실감은 하죠. 광주터미널 신세계백화점 1층 건도 그랬고요. 제가 얼마 전에 터미널 영화관에 갔는데, 조조영화를 보는 거라 앉아 있을 곳이 마땅치 않았어요. 영화 시작하기 전까지 백화점 1층 시민광장에서 책도 보고 전시된 것들도 보고 했죠.

이상석: 자네가 쫓아내놓고 그 혜택을 단단히 누렸구먼.

오윤화: 전시 공간에 전시를 해놓으니 시민들이 그걸 배경으로 사진도 찍고 하더군요. 아, 이렇게 해놓으니 정말 시민 공간으로 활용되고 나도 그 혜택을 보는구나, 이런 생각이 들었어요. 그러니 이런 활동이 의미 없다고는 말 못하겠다, 그래도 어느 정도 의미 있는 활동이구나, 그런 생각을 했죠. 심지어 거기 주차장도 그전엔 돈을 받았는데 지금은 30분 무료로 이용 가능하고요.

이상석: 아직도 시민들이 잘 몰라요. 30분 공짜라는 걸.

하승우: 시민들이 관심을 갖고 개입하기 시작하면 사회가 바뀔 텐데 너무 무관심하다, 이상석 선생님이 이런 얘기를 많이 하세요. 어떤 면에서는 자업자득 아니냐, 우리가 관심이 없으니 부패한 정부 밑에서 사는 것 아니냐고. 선생님 생각도 비슷하신가요?

오윤화: 앞서 얘기했듯 저는 공무원이 허위로 문서를 작성하리라고는 꿈에도 생각하지 못했어요. 일반 시민들도 그렇게 생각하지 않을까요? 정치하는 사람들이 알아서 잘하겠지, 행정가들이 우리보다 잘 알겠지. 그래서 이런 일에 관심을 갖는 본인도 정치에 꿈이 있을 거라고 사람들이 많이 생각하는 것 같아요. 저는 시민들이 쉽게 참여할 수 있는 플랫폼이라고 해야 하나 그런 게 활발해졌으면 좋겠어요. 그리고 제일 중요하고 손쉽게 활용할 수

있는 창구는 역시나 정보공개청구라고 생각하고요. 많은 분들이 하셨으면 좋겠어요.

하승우: 정보공개청구를 많은 사람들이 잘 할 수 있도록 하는 플랫폼은 무엇일까요?

한 주에 한 번, 한 달에 한 번 자치단체 홈페이지 방문하기

오윤화: 예전에 한 단체에서 '정보공개 매뉴얼 북'을 펴낸 적이 있어요. 단체의 활동가들이 그 매뉴얼 북을 많이 참고하는 것 같아요. 시민단체 활동가들뿐 아니라 일반 시민들도 정보공개청구를 하고 의견을 낼 수 있다는 것을 많이 알고 활용하면 좋겠어요. 보통 자치단체 홈페이지에 공고를 하고 의견을 받는데, 관철이 되든 안 되든 의견을 제출하면 좋죠.

지금까지는 지역 유지들의 의견이 많이 반영되었는데, 인터넷이라는 매체가 접근성을 좋게 만들었으니 일단 되든 안 되든 의견을 낼 수 있잖아요. 광주 같은 광역시에서는 의견을 내도 그 사람이 누구인지 파악하기 어렵거든요. 그러니 부담 갖지 말고 자치단체 홈페이지에 들어가서 정보도 얻고 의견도 내고 하면 좋을 것 같아요.

이상석: 저도 강의할 때마다 정보공개청구에 대해 얘기하지만, 일반인들은 잘 몰라요. 활동가들도 그런 시스템이 있는 줄은 알지만 잘 활용하지 못하고요. 환경이든, 예산이든, 경제든, 세금으로 이뤄지는 모든 행위들에 대해 정보공개청구가 가능한데, 그걸 홍보하는 자치단체는 하나도 없어요. 우리 동네로 놀러오라는 홍보는 많이 하면서 말이죠. 살기 좋은 도시를 증명하는 기본 항목으로 시민들에게 정보를 얼마나 공개했느냐가 추가될 필요가 있다고 생각합니다.

그런데 아직까지 우리 동네는 정말 투명합니다, 뭐든 신청하면

낱낱이 알 수 있습니다, 이런 걸 알리는 자치단체장도 자치단체도 없는 게 현실이죠.

하승우: 서울시에 정보공개 포털 사이트가 있는데, 굉장히 복잡해요.

이상석: 그런 포털 사이트는 시민의 입장에서 만들어진 게 아니에요. 관리용이죠. 자기들이 알리고 싶은 것에 더 많이 접근하게 하고 알리기 싫은 건 좀 복잡하게 접근하게 해놓죠. 적어도 중요 키워드는 동일한 항목으로 묶어 전국의 지자체를 통일할 필요가 있는데, 자치단체마다 다 달라요. 그러니 못 찾아요.

하승우: 시민들이 자신이 겪는 일에 대해 찾아보고 주체적으로 나서야 한다고 두 분이 공통되게 말씀하시네요.

오윤화: 지방자치단체 홈페이지에 일주일에 한 번씩만 방문해서 주간업무보고를 보면 시정을 다 알 수 있어요.

하승우: 아니, 일주일에 한 번씩 지방자치단체 홈페이지를 방문하면 훌륭한 시민 아닙니까?(웃음).

이상석: 한 달에 한 번만 들어가도 돼요. 주간업무보고만 봐도 사실 시정을 다 알 수 있거든요.

오윤화: 거기서 내가 보조금을 신청할 수 있는 항목, 혜택을 볼 수 있는 항목 등등 바로 바로 알 수 있어요. 시의 모든 행사들도 알 수 있고요.

이상석: 특히 1, 2월에는 주간업무보고, 월간업무보고를 반드시 봐야 해요. 1년의 시작 사업들이 전부 그때 나오거든요. 재정조기집행제도 때문에 전체 예산의 60퍼센트 정도를 상반기에 집행해요.

오윤화: 사업을 하든 자영업을 하든 본인에게 필요한 정보가 있을 거잖아요. 이건 정말 불합리한 건데 어떻게 바꾸지, 이런 고민이 있는 사람이라면 홈페이지에 들어가서 제도 개선을 요구할 수도 있고요. 그 지방의 국회의원을 찾아가라고도 하는데, 막상 그건 쉽지 않겠죠.

이상석: 개인이 혼자 찾아가면 잘 만나주지도 않아요. 아마 지역 유지쯤 돼야 만나줄 걸요.

오윤화: 그래서 저는 '시장에게 바란다' 이런 게시판들을 많이 이용해요.

하승우: 저도 그 게시판 애용합니다.

오윤화: 거기에 질문하면 어찌되든 답변을 하니까요.

이상석: 사실 게으르면 방도가 없어요. 누군가가 나서서 다 해줄 거라는 기대는 착각이에요. 최소한의 것은 자기가 해야죠.

하승우: 그런데 바로 그 최소한의 기준이 다른 거죠. 선생님 말씀처럼 시민으로서 최소한 자신이 찾아 권리를 행사해야 할 부분도 있지만, 한국 사회는 자꾸 모든 걸 개인의 몫으로 돌리려는 측면도 있잖아요. 그걸 왜 정부에게 요구해, 니가 열심히 살아서 해결하면 되지, 이런 식으로요. 사회적인 문제의 개인화라고 해야 할까요.

이상석: 마침 지금 선거 시기인데 제가 보기엔 자치단체장도 그렇고 지방의원도 그렇고 내놓는 공약들이 전부 자기 주제를 넘선는 것들이에요. 제 생각에 진실한 공약은 이런 거죠. '언제든지 필요한 정보는 알 수 있도록 해주겠다.'
우리 동네에 다리 놓겠다? 돈이 어디 있어서 그렇게 마음대로 해요. 그래서 저는 무슨 일이든 일단 정보 공개가 먼저 필요하다고 봅니다. 예전에는 관(官)이 정보를 독점하고 공개하지 않을 수 있었지만 지금은 마음만 먹으면 일반 시민이 공무원보다 시정에 대해 더 많이 알 수 있거든요.
우리 단체는 예산 감시를 정보 공개라는 방식으로 해왔고, 공식 기구에서 공식 시스템을 활용해 사실관계를 확인하니까 지방정부가 우리 얘기를 잘 반박하지 못합니다. 그런데도 아직까지 우리와 비슷하게 하는 단체가 별로 없더라고요.

하승우: 관심을 갖는 것만으로도 분명 변화는 있다는 거죠?

오윤화: 공청회 하기 전에 의견을 내놓으라는 경우가 많거든요.
그런 경우 자기와 관련된 부분이 있으면 의견을 제출하는 거죠.
조례에 관해서도 시민들의 의견을 제출하라고 하니 제출하고요.
사실 전문가가 아니면 잘 모를 수밖에 없어요. 그래도 관심을 갖고
의견을 내는 게 중요하니까 불편한 부분은 참지 말고 민원을
제기하는 거죠.

이상석: 나는 이런 게 불편하다고 말로 해도 되면 편할 텐데,
우리나라의 행정 업무는 모든 걸 글로 써야 한다는 부담이 있어요.
온갖 서류 양식 등 전문가입네 하는 사람들이 너무 어렵게
만들어버렸어요.

하승우: 많은 사람들이 행정용어를 잘 모르겠다, 적어서 내라는데
뭘 적으라는 건지 알 수가 없다고 말들을 하죠. 여러 번 해본
사람들이야 잘 알겠지만.

이상석: 그러니 행정에 참여하는 방식을 행정의 관점에서 보는 게
아니라 시민의 관점에서 봐야 한다는 거죠. 말로 하면 왜 안
되냐고요. 공무원들이 듣고 적어서 정리하면 되지. 아니면 녹취를
해서 그걸 풀어도 되지 않겠어요. 그런데도 자기들 방식대로만
하라는 거예요. 공무원들이 게으른 거죠. 글씨 크기 몇 포인트, 자간

얼마 등등 이런 것만 가지고 하루 종일 갑론을박해요. 그렇게 가서는 안 되는 거죠.

행정 사업을 변경하려면 당연히 공람하고 주민들의 이야기를 듣고 해야 하는데, 그렇게 하자고 하면 보고서에 다 들어 있다고 해요. 주민 의견을 참조했다고 하는데 어떻게 참조했는지 알 수가 없고, 나중에는 그냥 빼버려요. 그러면서 주민 의견은 없다고 하고.

오윤화: 하천 정비사업을 하는데 주민 의견을 수렴한다고 해서 간 적이 있어요. 그런데 진짜 일반 주민은 저랑 같이 간 주민 두 명밖에 없었어요. 다른 사람들은 전부 통장급이나 주민자치위원들이었고요. 그냥 요식행위였죠. 주민 의견을 최우선으로 많이 들어달라고 얘기하러 간 건데, 분위기가 그게 아니었어요. 그러니 정말 평범한 시민이 가서 얘기를 듣고 의견을 말하려면 얼마나 불편할까 생각했어요.

하승우: 개인적인 질문일 수 있는데, 이상석 선생님은 옆에서 보기에 어떠신가요? 행복해 보이시나요?

오윤화: 새로운 일을 시작할 때나 구상할 때는 활기가 넘치세요.

하승우: 그럼 언제 활기가 떨어지나요?

오윤화: 하려는 일이 지지부진하고 잘 안 되면.

하승우: 이런 일이 사람들과 부대끼며 하는 관계지향적인 건 아니잖아요. 선생님과 인터뷰를 하다 보면 가끔 외로움이라고 할까 그런 게 느껴져서요. 누가 다가오면 일단 맘이 편하지 않잖아요. 왜 갑자기 밥 먹자 술 먹자 그럴까 생각할 수밖에 없는 입장이니까요. 그러니 관계에서 오는 외로움이 생길 테고, 이게 한 사람에게는 행복하지 않은 요인일 수 있고요.

오윤화: 그건 어쩔 수 없는 부분이라고 생각해요. 저희가 어떤 일을 시작하면 직접적인 영향을 받는 사람이 있을 수밖에 없기 때문에, 모든 사람에게 좋은 사람일 수는 없으니까요. 이 일을 선택한 이상 감수해야겠죠. 그래도 주변에 친한 분들이 손에 꼽을 만큼은 있으시잖아요.

이상석: 그런데 그 인간들이 다 바빠.

하승우: 그리고 그런 사람들이 만나면 주로 일 얘기하고, 헤어질 때 사업 하나 만들고 그러죠(웃음). 그러니 일단은 계속 외로우신 걸로. 오 선생님은 앞으로 2년 정도 일을 더 하실 거라고 들었는데, 그 뒤로는 다른 일을 모색하시는 건가요?

이상석: 근거 없는 얘기예요.

오윤화: 사람 일은 어떻게 될지 모르니 상황을 봐야죠.

하승우: 지금까지 13년 정도 활동하면서 너무 힘들어 관두고 싶다는 생각을 하신 적은 없는 거죠?

존재하는 것만으로도 예산 낭비를 절반 이상 막았다

오윤화: 딱히 이 일을 그만둬야겠다고 생각한 적은 없어요.
'시민이만드는밝은세상' 후반기와 그 단체를 접을 때쯤에는 '이
방법이 더 이상 효과가 있나' 하는 회의가 들었어요. 그 전에는
소송을 걸면 당연히 승소하고 정보 공개를 받고 그랬는데,
패소했거든요.

이상석: 그때 내가 아프고 해서 그만두기도 했지만, 어떻게 할지
결정하는 과정에서 내부에서 그 건과 관련해서는 더 이상 재판을
진행하지 말자는 강력한 의견이 있었어요. 그래서 끝까지 가지
않았던 거죠. 항소를 안 했어요. 1심에서는 패소로 나올 수 있는데,
2심에서는 우리도 더 정교하게 검토하고 재판부의 판단을 기다려볼
수 있었는데, 내부에서 안 했으면 좋겠다고 했지요.
사람들이 갈수록 강도가 센 걸 원하는 거예요. 이제 소송하고
고발하는 걸 당연하게 여기더라고요. 그러니까 우리는 강도가 9라고
생각하는데 단체 내부의 의결구조는 지금 방식이 3 정도라고 보는
거죠. 제가 그걸 못 견디겠더라고요.

오윤화: 그때 제가 소송으로 가는 게 회의적이라고 생각한 이유는,
내부 의결구조에서 뭔가 새로운 결과물이 나와야 하지 않냐고
얘기했다는데, 이 이상 뭐가 더 새로울까 하는 생각이 들었기
때문이에요.

이상석: 지금 '공익재정연구소'도 그렇고 '세금도둑잡아라'도 그렇고 이영선 신부님을 공동대표로 모신 이유는 신부님이 명확하게 꿰뚫어보고 계시기 때문이에요. 우리는 존재하는 것만으로도 이미 예산 낭비를 절반은 막은 거다. 왜냐하면 그동안의 활동이 있었으니까. 더 이상 논란이 될 만한 걸 요구하지 말자는 거죠. 우리가 존재하는 것만으로도 공직자들이 불편함을 느끼니까. 때로는 한 달에 한 번 회의를 할 때 안건이 없을 수도 있는데, 안건이 없으면 일을 안 하는 것처럼 느끼는 거죠. 그리고 저는 단체의 재정에 신경을 안 썼는데, 결국은 재정적인 문제에 가까웠어요. 그래서 요즘엔 우리 운동이 우리 대에서 끝날 수도 있겠다는 생각도 들어요. 이런 방식은 우리한테 최적화된 시스템이니까요.

오윤화: 실무자 입장에서 공무원 급량비를 예로 들어 말씀드리면, 광주광역시와 전라남도를 조사했어요. 그게 크게 반향을 불러일으키지 못할 수도 있는데, 조사하는 입장에서는 너무 힘들고 괴롭고 그렇거든요. 학습 준비물도 그래요. 광주광역시와 전라남도의 500개 넘는 학교들을 전수조사했어요. 그걸 하나하나 정리하는 게 한두 달 안에 끝나지도 않고, 그 일을 하는 입장에서는 괴로워 죽고 싶은 심정인데 저쪽에서는 왜 결과물이 안 나오냐고 하면 더 미치겠는 거죠.

이상석: 그런 의결구조를 안 만들려고 했는데 결국엔 조직이 그렇게 가더라고요.

오윤화: 서류 보는 입장에서는 그 와중에 조직 운영을 위해 보고도 하고 입장 발표도 하고 공문도 보내야 하는데, 결과물이 왜 안 나오냐는 얘기를 들으면 이 일이 얼마나 방대한지 알고나 있을까 하는 생각이 들죠.

이상석: 달걀 낳는 닭처럼 매일 나와야 하고 심지어는 그게 센세이셔널해야 하고.

오윤화: 우리가 하는 일은 결과보고서를 냈을 때 들인 품에 비해 반향이 크지 않을 수도 있어요.

이상석: 그래서 제가 이번에 '세금도둑잡아라'를 시작할 때 6개월 동안 아무것도 안 나올 수도 있다고 얘기했어요.

하승우: 그렇게 하시면서 두 분이 13년 동안 조직을 이끌어오신 거잖아요. 실무자 입장에서 가장 힘든 일을 꼽자면?

오윤화: 결정이 내려지면 그 결정을 따르고, 제가 못할 것 같으면 제가 할 수 없다고 얘기했으니 큰 어려움은 없었어요. 하지만 들인 품에 비해 반향이 없으면 아무래도 힘이 빠지죠. 내부에서라도 고생해서 진행한 일이라는 걸 알아주면 좋은데….

이상석: '시민이만드는밝은세상'을 그만두게 된 이유가 몇 가지

있는데, 하나는 순천참여자치시민연대 이후 아이템을 제가 다 선정해 왔는데 그러니 고갈이 온 거죠. 일정한 시간이 지나니까 더 이상 소스를 못 찾아내겠더라고요. 내 한계가 왔으니 좀 털어야 한다고 봤어요. 한 1년 쉬면서 충전을 하니 조금 나아지기도 했고요. 그리고 예전과 달리 제가 사람들도 만나고 강연도 다니며 바깥으로 움직여요.

오윤화: 이제 우리가 지역 자료를 다 모아서 일하는 게 아니라 지역 사람들이 할 수 있도록 인큐베이팅하는 작업을 하시는 거죠.

이상석: 그렇기도 하지만 바깥에서 활동가들이나 일반 시민들을 만나며 예전 순천 초창기 모습의 소스를 잡아내는 작업을 하고 있어요. 내 역할이 그게 아닐까 생각해서요.

하승우: 전에는 모든 정보를 모아 단체가 진행했다면 지금은 주민들이 직접 그 역할을 나눠서 할 수 있도록 뒷받침하는 역할을 하시는 거죠. 그리고 예전에는 정보가 들어오기도 했고 기사검색을 통해 소스를 찾아냈는데, 그게 잘 안 돼서 작년부터는 현장에서 이야기를 들으며 소스 찾는 작업을 하는 거라는 말씀이죠. 그런데 그렇게 일하는 게 품이 더 많이 들잖아요.

이상석: 품도 품이지만 성과가 안 나올 수도 있죠. 제가 성과에 개입할 수도 없고요. 그건 작업을 하는 사람들 몫이니까요.

하승우: 그러니까 업무 면에서 부담이 줄어들긴 했지만 실제로는 일이 더 늘어난다고 볼 수 있잖아요. 차라리 저거 내가 하면 금방 할 텐데… 뭐 이런 생각도 드실 테고요.

이상석: 이젠 그게 안 된다는 거죠.

오윤화: 지역의 모든 문제를 우리가 할 수 없으니 지역 주민들이 할 수 있도록 하는 게 맞는 것 같아요.

하승우: 이상석 선생님은 그래서 자주 나가시는데, 오 선생님도 자주 나가세요?

오윤화: 코딩 작업을 지원하는 정도의 일은 하죠. 전에 하동군에 업무추진비 보는 방법을 알려드렸는데, 그렇게 지역 분들께 알려드리면 지역 분들이 자기 힘으로 한번 해보는 거죠.

이상석: 저는 현장으로 더 들어가려고 해요. 그 현장이 어디가 될지는 모르겠지만, 지역이 될 가능성이 높겠죠. 어쨌든 내가 가진 능력과 기술로 뭔가 방법을 찾아보고 싶어요. 지금은 여력이 안 돼서 못하지만… 특히 재정 문제가 크죠.

오윤화: 제가 일하면서 느낀 건, 감이 엄청 좋으세요.

하승우: 타고나셨다고 하더라고요(웃음).

오윤화: 아프기 전까지는 정말 감이 좋으셔서 사건이 터지면 체계화시켜 이런저런 자료를 모으라고 얘기하곤 하셨어요. 그리고 자료를 한꺼번에 넘기면 그걸 다시 정리를 탁탁 하세요.

하승우: 환상의 복식조네요. 검색의 달인과 정리의 달인. 사실 자료도 모르면 못 찾잖아요. 두 분 모두 전문가시네요. 만약 이 일을 안 했다면 어떤 일을 하셨을까요?

오윤화: 정말 생뚱맞은 일을 하고 있었을 거예요.

하승우: 마지막 인터뷰이기도 하니 전망을 해보면 어떨까요? 개인적인 전망과 조직의 전망, 사회적인 전망까지.

무겁고 느린 조직에서 가볍고 트렌디하게

이상석: 저는 이미 한계에 와버린 것 같아요. 한국 사회에서는 현업에서 뛰는 것 자체가 거의 용인이 안 되는 나이죠. 그러니 답답하기도 하고. 나는 10년 정도가 아니라 몇 년만 하면 비슷한 조직들이, 자기 고유 분야를 가진 조직들이 생겨나지 않을까 생각했어요. 그런데 안 생기더라고요. 전국적인 프랜차이즈는 많이 생겨나는데, 자기 지역을 지역만의 독특한 방식으로 접근하는 운동이 잘 안 보여요. 거의 시도를 안 하는 것 같아요. 회의에 가면 언제나 제가 가장 나이 많은 실무자예요.

하승우: 왜 이런 조직이 안 늘어날까요?

오윤화: 안 늘어나는 건 아닌 것 같고요. 기존의 프랜차이즈 단체들이 본래 자기 활동 외에 플러스로 정보공개 활동을 하는 거죠. 그 형태로 가는 거예요. 몇 년 사이에 정보공개운동이나 예산감시운동이 붐을 일으켰어요. 지금은 살짝 내려온 상태고요.

하승우: 다시 붐이 일까요?

오윤화: 지금과 같은 형태는 아닐 것 같아요. 만약 한다면 기존의 무겁고 느린 조직보다 개인들이 가볍고 트렌디하게 가지 않을까 싶어요.

이상석: 저도 조직은 안 나올 것 같고 개인들은 나오리라 생각해요. 지금도 지역의 예산 강의에 가면 이미 몇 년씩 해온 사람들이 있어요. 그 사람들이 질문하는 걸 보면 단체보다 훨씬 수준이 높고요. 그래서 제가 한 번만 경험을 들려주면 확 성장하더라고요. 그런데 문제는 이게 외골수로 가요. 전체와 공유도 안 되고, 통제도 안 되고. 그리고 자기 고집대로 뒤와 좌우를 돌아보지 않고 가버리니까 이걸 오래 하면 할수록 다들 왕따가 돼 있더라고요. 내 얘기를 아무도 귀담아 들어주지 않는다고 다른 사람들 원망도 하고요. 그런 점에서 조직의 필요성은 여전히 존재하죠. 기존 시민단체들이 이런 일을 안 할 테니 그 단체들이 분화되고 특화될 거라 봤는데, 그렇게 안 된 거죠.

오윤화: 시민단체가 대기업처럼 문어발식으로 확장만 된 거예요. 자회사 만들어지듯이. 그런데 지난 촛불집회 때는 깃발 아래로, 정말 말도 안 되는 깃발 아래로 개인들이 모였잖아요.

하승우: 그런데 누군가는 좌표를 찍어줘야 하지 않을까요?

오윤화: 그게 평등하게 되는 거죠. 각자의 관심사에 따라. 모든 일에 대해 하는 게 아니라 자기가 관심 있는 한 건, 한 사안을 놓고 뭉치는 거죠. 그래서 개인들이 정보공개청구도 하고 의견도 내는 게 맞는 것 같아요. 그러면 조금 더 가볍고 발랄한 형태로 가지 않을까요.

이상석: 그런 걸 전국적으로 보듬을 수 있는 조직이 필요해요. 예산 강의를 하러 가면 지역에서 오래전부터 활동하고 있다는 사람을 종종 봐요. 그런데 방향을 잘못 잡거나 엉뚱한 방향으로 가고 있는 경우가 있어요. 그러데 잘못된 방식인데도 인정하려고도 들지 않고, 그게 마치 지역의 한계인 것처럼 되어버리는 거예요. 소통해야 하는데, 나도 좀 배우고요.

오윤화: 전업작가도 있지만 다른 일을 하면서 글을 쓰는 사람도 있잖아요. 시민단체 활동도 그러면 좋겠어요. 직업이 따로 있는 상태에서 자기가 관심 있는 분야에서 조금씩 활동하는 운동이 되면 좋겠어요. 그렇게 가면 훨씬 다양한 분야의 활동이 만들어지지 않을까 생각해요.

하승우: 하나의 조직으로 묶인 사람들이 몇 가지 일을 나누는 방식이 아니라 몇 개의 일을 다수의 관심 있는 사람들이 모여 하는 방식이군요. 각각의 방식에 장단점이 있죠. 말씀하신 방식에서의 어려움은 지속성이잖아요. 보통은 그 모임이 문턱을 못 넘고 우리 힘으로 안 되나 보다 하고 그냥 주저앉아버리잖아요. 특히 예산 모임이 그럴 가능성이 크고요.

이상석: 그래서 저는 좀 다녀 보고 싶어요. 어느 지역에 가 보니 전혀 엉뚱한 방향으로 예산운동이 가고 있더라고요. 지방공무원교육원에 가면 예산 내려오는 방식에 관한 공통 교재가 있어요. 그런데 예산

내려오는 방식과 그 기호를 외워서 뭐하겠다고 그걸 외워요. 그러니 잘못된 방식으로 가는 거죠. 상호침투가 되며 같이 발전해야 하는데, 그게 안 되는 거죠. 그 아까운 사람들이 없어져요. 그걸 누가 할 거고 어떻게 할 것인가도 고민이에요. 사람들이 온라인 방식을 많이 얘기하는데 온·오프가 결합되어야 하고, 강단 전문가 말고 현장 전문가들이 좀 더 결합해야 하거든요. 보따리장사들이.

오윤화: 그래서 저희가 그걸 하려고 아름다운재단 공모에 냈다가 떨어졌어요(웃음).

이상석: 사람들이 이해를 못하더라고요. 서울의 자기 조직은 잘하고 있대요.

하승우: 선생님의 나이 들어감을 고려하고 그런 조직을 오프라인으로 묶으려면 동선이 굉장히 넓어야 하는데요, 역할은 필요한데 혼자 못하니 후계자를 길러야 하는 것 아닌가 싶습니다.

이상석: 저는 아직 할 수 있는 힘이 있다고 생각해요. 저는 그렇게 해보고 싶어요.

하승우: 개인적인 전망과 조직적인 전망이 그렇게 일치되어 있네요. 자기의 문제의식과 방식에 빠져 있는 사람들을 묶어서 서로 소통하는.

이상석: 저도 소통하며 배워야 하니까요. 그렇게 좀 다녀보고 싶어요.

하승우: 그런 활동을 하면 한국 사회가 좀 바뀔 거라고 보시는 거죠?

이상석: 당연히 변하겠죠. 한국 전체가 0.01보를 내걸을 수 있을지 모르고 지역은 1보를 갈 수도 있겠죠. 적어도 1밀리, 0.1밀리 정도는 이동할 거라고 봐요. 다만 이 방식이 최선이라고는 생각하지 않아요. 한국 사회를 움직이는데 이런 방식도 필요하다고 보는 거죠.

하승우: 간사님도 0.1밀리 정도 움직일 거라고 보시나요?

오윤화: 시간이 오래 걸리더라도 움직이기는 할 것 같아요. 제가 목격을 했잖아요. 십 몇 년이 걸리지만 바뀌기는 바뀌는구나, 다 봤으니까요. 법 규정에만 있었는데 진짜 해보니까 되긴 되는구나.

이상석: KBS 민간인해외여비 건은 지금까지도 KBS 감사팀이 그렇게 지역에 직접 내려온 적이 없대요.

하승우: '세금도둑잡아라'가 한국 사회를 바꿀 수 있는 디딤돌이 될 거라는 판단은 두 분이 동일하게 하시는 거네요.

이상석: 디딤돌이라기보다는 약간의 역할 정도? 0.001프로 정도는

일조할 것이다.

오윤화: 그 영향력이 얼마나 될지 가늠하는 건 어렵죠. 그런데 없으면 0이잖아요. 있으면 0이 아닌 거고. 있음으로 해서 마이너스가 되는 건 아니니까요.

이상석: 아쉬운 게 돈이에요. 재정. 정말 움직이는 경비만 있으면 되는데, 제가 돈 많이 벌겠다고 하는 것도 아닌데….

하승우: 선생님도 돈을 좀 받으셔야 하잖아요.

이상석: 일단 오 간사님 150만 원 맞춰주고.

하승우: 월급에 불만은 없으신가요?

이상석: 아니, 왜 불만이 없겠어요.

오윤화: 저는 뭐 생계형 활동가라. 거창한 의식이 있어서 하는 것도 아니고.

이상석: 우리는 생계형 활동가예요.

하승우: 저도 생계형인데요.

이상석: 거창한 의식 가진 사람 치고 오래가는 사람 못 봤어요.

하승우: 생계형이니 활동비가 올라가야죠.

오윤화: 어느 정도 받으면 적당할까 잘 모르겠는데, 이 정도만 받아도 먹고 사는 데 지장은 없어요. 물론 돈은 못 모았죠.

이상석: 4대 보험을 십 몇 년 동안 못 넣었어요. 그냥 실 수령액으로 가져가자고 한 거니까. 그게 150은 돼야죠.

오윤화: 더 받으면 좋겠지만 단체 상황이 이런데.

하승우: 그렇게 얘기하시면 독자들이 돈 많이 받는 걸로 착각할 수도 있는(웃음).

오윤화: 숨 쉬고 사는 데는 모자라지 않다고 사람들에게 얘기해요.

이상석: 저는 적자가 1천 만 원 정도 났더라고요.

하승우: 그렇게 하면 지속가능하지 않잖아요.

이상석: 처음에는 저도 오래 하면 오 간사님 월급 주고 저도 150만 원 정도 받지 않을까 생각했는데요, 올해 지나가면 정말 방법이

없어요. 집에다 생활비는 못 줄망정 의료보험 이런 건 내 돈으로 내야 하니까요.

하승우: 이상석 선생님은 30년 이 길을 걸어오셨고 오 선생님은 13년을 걸어오셨는데, 소회라고 해야 할까요, 누군가에게 이 길을 권해 주고 싶다든가, 전하고 싶은 메시지가 있을까요?

오윤화: 돈을 버는 일이 우선순위였다면 다른 일을 선택했겠죠. 사실 돈 버는 일에서 성격이 어디 있겠어요. 그냥 하는 거지. 제 나름의 자부심은 지금까지 활동하며 만난 사람들이 제가 다른 직업을 택했다면 만날 수 없는 사람들이라는 거예요. 저는 전주의 방송국에서 계약직 아나운서로 일하다가 내려왔거든요. 여기서 활동하다 보니 돈이나 이런 것만으로 볼 수 없는 게 있고, 만난 분들이 가진 품성도 다르고, 이 일을 안 했다면 그런 사람들과 못 만났겠죠.

같이 하는 분들이 생각이 바른 분들이세요. 자기 시간과 돈을 내놓고 어떻게든 사회를 바꿔보려는 사람들. 여기 일 하면서 성공하고 돈 많이 벌고 남한테 보여주기 위한 삶이 좋은 게 아니라는 걸 깨달았어요.

똑같이 사는 건데 여기 일을 하면서 살면 그래도 사회를 좋아지게 만드는 데 0.001퍼센트 정도라도 도움이 될 수 있는 거고요. 내가 쓴 입장문이 언론에 보도되고 제도가 바뀌고 반향이 있고, 이런 부분은 다른 일을 했다면 경험하지 못했을 일이죠. 그게 지금까지 일할 수 있었던 힘이죠. 하다 보니 제 적성에도 맞고. 인간관계에서 오는 스트레스가 없으니까요.

하승우: 이상석 선생님은요? 이런 말은 꼭 하고 싶다.

이상석: 직접 참여 못하면 마음만 갖고는 세상이 안 바뀌니 돈이라도 내라.

하승우: 너무 직접적인 얘기인데요(웃음).

이상석: 자기 마음에 드는 단체에 돈을 내거나 단체 활동에 관심을 가져주면 좋겠어요. 그 외엔 방법이 없어요. 누가 대신 안 해주거든요. 그리고 내가 만들지 않은 세상은 다 허상이에요. 내가 직접 개입해야 하는 거죠. 누구도 내가 원하는 세상을 만들어주지 않아요. 아무것도 안 하고 입만 갖고 있으면 참여 안 한 거예요. 대단히 높은 의식을 갖고 산다고 하는 사람들, 이념이 어쩌고 얘기하는 사람들, 자기 이론이 어쩌고 얘기하는 사람들, 불타는 적개심을 얘기하는 사람들 치고 오래가는 걸 못 봤어요. 우리같이 아무 생각 없이 사는 사람들이 오래가요.

하승우: 생각이 없다고 말하시지만 이 사회, 우리가 살아가는 지역에 관해 가장 분명한 생각을 가진 분들이라고 저는 생각합니다. 0.001프로라고 얘기하셨지만 사실 두 분이 없었다면 허투루

사용되거나 누군가의 호주머니로 들어갔을 돈이 수백 억 원, 수천 억 원이 되었을지 모르죠. 말도 안 되는 사업이 버젓이 진행되거나, 시민의 공간이 기업의 영업 공간으로 전용되거나. 거대한 조직으로 묶이지 않아도 시민이 무엇을 어느 정도로 할 수 있는지를 두 분이 잘 보여주신 것 같아요.

어떻게 살아야 할지 모르는 시대에 뭔가 살아야 할 이유를 만들어주신 것 같습니다. 그동안 좋은 이야기 들려주셔서 고맙습니다.

당신도 할 수 있습니다

_ 이상석(공익재정연구소 소장, 세금도둑잡아라 사무총장)

전남 순천에서 행정 감시를 시작한 지 벌써 20여 년의 세월이
흘렀습니다.

권력 감시는 예산 감시에서 출발합니다. 정책을 결정하는 중요한
요소가 예산이기 때문입니다. 정책 집행에 필요한 돈은 공무원들의
호주머니에서 나오지 않죠. 세금으로 거둬들인 '예산'으로
집행합니다. 그러므로 누구에게 어떻게 거둬서, 어디에 쓸지 누가
결정하는가가 무척 중요한 일입니다. 전자는 편성에 관한 것이고
후자는 집행에 관한 것이 되겠지요. 예산 편성은 그나마
참여예산이라는 제도가 있지만 예산 집행은 의회에서 하는 결산
말고는 일반 시민이 참여할 수 있는 제도가 거의 없습니다.

각종 강의에서 그동안의 예산감시활동 사례를 발표하면 가장 많이

받는 질문이 하나 있습니다. '어떻게 그렇게 할 수 있었는가' 하는 질문입니다. 그러면 저는 이렇게 대답합니다. '아주 쉽다'고, 그리고 '당신도 할 수 있다'고 말합니다. 약간의 공부가 필요하고 부지런함과 인내심만 있으면 가능하다고 말입니다

제가 강의 등에서 이야기한 사례의 자료는 대부분 공개된 것입니다. 자치단체 홈페이지와 예산 관련 사이트, 그리고 관련 법령 및 자치단체 법규 등이 많은 이야기를 던져주지요. 흔히 '예산' 하면 골치 아픈 계산을 연상하는데, 반은 맞는 이야기입니다. 그렇다면 반은 틀린 이야기겠죠. 틀린 반에 대해 말씀드리자면, 실제로 예산 집행을 살펴보는 일은 결산에 관한 부분이기 때문에 계획에 맞게 집행되었는지 확인하는 것이라 그리 어렵지 않습니다.

어떤 정책을 추진하려면 사업계획을 세웁니다. 그 사업계획에 맞춰 일이 진행되고, 예산 즉 사업비도 들어갑니다. 계획이 변경될 때는 사전에 허락을 거치거나 신고하게 되어 있기 때문에 예산 감시는 사업이 계획대로 이루어졌는지, 시작과 끝이 맞는지 확인하는 어쩌면 간단할 수도 있는 일입니다. 그리고 정책 추진에 대해 문제가 있다고 생각하는 사항은 지역 뉴스나 주변의 이야기, 여론을 근거로 정보공개청구를 하거나 다양한 방식의 문의를 하면 됩니다.

저는 문제를 인식하면 정보공개청구를 하고, 실제로 문제가 드러나면 고발하고, 자료를 주지 않으면 행정소송을 했습니다. 그러나 이건 제 방식이니 꼭 그대로 따라할 필요는 없습니다.

지역에서 예산 공부모임을 하며 자주 이야기하는 것이 있습니다. 때로는 분석한 결과자료의 불법 여부를 본인들이 판단해서 공개하는

것보다 결과자료를 그대로 지역민들이 보고 판단할 수 있도록 하는 것도 하나의 방식이라고요. 지역에 실제로 살면서 정책 과정의 문제점을 생활에서 직접 맞닥뜨리는 지역주민들보다 더 크게 피부로 인식하는 존재는 없으니까요.

또 하나 예산 감시를 하며 느낀 답답증을 토로하자면, 지방의원들이 생각보다 예산을 잘 모른다는 것입니다. 많은 지방의원들이 자신이 가진 권한을 잘 모를 뿐만 아니라 예산서를 볼 줄도 몰랐습니다.

자치단체보다 의회가 약하기는 하지만 큰 무기가 있죠. 우리나라의 지방 예산은 편성과 집행은 자치단체의 몫이지만 심의와 의결은 의회의 고유 권한입니다. 그런데 이 고유 권한을 제대로 활용하지 못하고 단체장의 권한이 막강하다며 체념하는 분위기가 팽배합니다. 미리부터 의기소침한 분위기를 조장하는 측면도 있지만, 의회가 가진 고유 권한을 잘 사용하도록 교육하는 기관이나 단체가 많지 않다는 것도 문제의 원인 가운데 하나입니다. 의회가 가진 권한도 모르고 예산서도 볼 줄 모르는 의원이라니요.

이 책이 출간될 즈음이면 지방의원과 단체장을 뽑는 지방선거가 끝났겠지요. 지방의원 공천과정을 살펴보면 흥미로운 현상이 목격됩니다. 정당 공천과정의 주요 변수가 바로 당에 대한 기여도라는 점입니다. 당에 대한 기여도를 우선으로 평가하기 때문에, 예산과 의회의 역할 및 의원의 권한에 대해 얼마나 알고 있는지, 공천과정에서 이를 판단하는 기준이 없는 것입니다. 또 정당에서 실시하는 각종 교육에서도 이에 대한 교육을 찾아보기가 어렵습니다. 영남과 호남은 1당 독식 구조여서 집행부와 의회 사이에

짬짜미가 이뤄지기 때문에 지방의원들이 공부할 필요가 없었지요. 선거철이 다가오니 시·도지사와 단체장은 대통령이 되어도 실현하기 힘든 공약을 내걸고, 감시자 역할을 부여받은 지방의원들 역시 대통령이 내놓을 법한 공약을 내거는 모습이 우리의 정치 수준입니다.

지나온 세월 동안 성과도 제법 있지만 제대로 하지 못한 일들도 있습니다. 그럼에도 지금까지 이 일을 계속할 수 있었던 것은, 주변에 대체할 만한 예산 감시 인력이 없었다는 것과 이 일이 제 적성에 맞았기 때문입니다. 그리고 주변에서 도와주신 분들이 많았기에 가능하지 않았나 생각합니다.

임양숙 씨에게는 다음 생에는 역할을 바꿔서 살며 감사하는 마음을 전하고 싶고요. 아들 산하와 딸 시은이에게도 고맙고 미안하다고, 가족 모두를 사랑한다는 말을 전하고 싶습니다.

따져보니 저와 13년을 같이 움직여준 일명 '오 간사', 오윤화 씨가 없었다면 그간의 일들이 불가능했습니다. 예산 감시와 추적의 달인이죠. 첫 길을 열어주고 보여준 대전의 진호 형, 홀로서기를 할 때부터 지금까지 많은 도움을 준 순천의 최 원장과 춘호 형, 30여 년 전부터 친구인 문열이. 그리고 이영선 신부님과 정병준 님. 이 책의 출간을 흔쾌히 허락한 이상북스 송 대표님, 세상에서 두 번째로 바쁜 와중에도 시간을 내어 묻고 정리해 준 하승우 씨 등 많은 분들께 감사드립니다.

연애편지를 써도 성명서가 되는 글 솜씨 때문에, 많은 분들이 좀 더 재미있게 예산 감시, 권력 감시 활동에 접근할 수 있도록 인터뷰

형식으로 책을 내게 되었습니다. 이 책을 통해 시·군 단위까지는 아니어도 광역시나 도에는 예산을 감시하는 사람들이, 그런 단체가 하나 정도씩 생겼으면 좋겠습니다. 그래서 예산 낭비가 없는, 우리 세금의 쓰임새를 우리가 결정하는 재정 민주주의가 꽃피는 그런 세상을 꿈꿔봅니다.

부 록

―――――

소송경과자료(이상석이 지방정부에 보낸 경고)

1. 국제 스포츠대회 유치활동비 공개(무분별한 유치활동에 대한 경고)

진행상황

- 2008년 8월 1일: 2013유니버시아드대회 유치 예산 관련해 최초로 정보공개를 청구했으나 비공개. 정보공개청구 내용(2013하계 유니버시아드 유치 추진 관련 서류목록(유치활동 내역 등) 및 예산 사용 내역, 소요예산집행정산 감사원 감사 결과).
- 2008년 8월 7일: 광주시 비공개 결정 통지.
- 2008년 9월 25일: 행정소송 제기(1차 소송).
- 2009년 9월 24일: 원고일부승소 판결, 유치추진위라는 민간 재단의 경우라도 시 출연금 부분은 공개하도록 판결. 재청구했으나 공개 거부.
- 2010년 1월 27일: 정보공개청구-시비 집행 세부내역, 증빙 서류(영수증, 지출결의서 사본 등)
- 2010년 2월 5일: 광주시 집행 총괄내역 공개, 그외 집행 증빙 서류 등 비공개.
- 2010년 4월 6일: 행정소송 제기(2차 소송).
- 2010년 12월 9일: 원고 승소(공개거부처분 취소).
- 2010년 12월 27일: 광주시 항소 제기.
- 2011년 9월 26일: 항소기각 판결. 합산금액만 공개, 재청구-공개 거부.
- 2011년 12월 14일: 광주시 재처분(항소심 판결 취지 의거). 시비보조금 중 인건비(수당),여비(국내외), 일반운영비, 자산취득비, 연구개발비 세부내역 및 증빙서류 공개, 유치활동 지원비 비공개.
- 2012년 2월 14일: 행정소송 제기(3차 소송, 유치활동 지원비 정보공개거부처분 취소).
- 2012년 12월 27일: 원고 승소(유치활동 지원비 정보공개 거부 처분 취소).
- 2013년 1월 17일: 광주시 항소 제기.
- 2014년 5월 14일: 항소 기각 판결.
- 2014년 6월 2일: 광주시 상고.
- 2014년 10월 15일: 상고 기각 판결.
- 2014년 12월 2일: 2013유니버시아드대회 유치활동비 부적절 집행 고발.
- 2015년 1월 8일: 2015유니버시아드대회 유치활동비 정보공개청구.
- 2015년 3월 17일: 정보공개거부처분 취소 소송 제기(유치활동비 비공개).
- 2015년 8월 28일: 정보공개 판결.
- 2016년 1월: 고발 결과-증거불충분.

- 2016년 5월: 2013·2015유니버시아드대회 추진 예산 집행내역 발표.

취지

- 유니버시아드대회 유치활동 지원비(로비자금) 공개 판결 대법원 상고심 승소 향후
  메가 스포츠대회 유치활동 자금집행 내역을 확인할 수 있는 법적 보장이 가능.
  자치단체의 예산으로 지원된 유치활동비는 국가신인도 및 외교관계 등에 관한 사항이
  아니라는 판결.
- 정보공개청구 및 소송제기 6년 만에 유치활동비 정보 공개 받음. 부적절한 내용
  관련해서는 2014년 12월에 고발.
- 같은 정보에 대해 각기 다른 소송으로 총 3차에 걸쳐 소송 제기.
- 2013년 10월: 2011년 9월 2차 판결 시 유치활동비 비공개 관련 절차적 위법만 적시한
  판사에 대해 3차 사건 진행 시 법관 기피 신청.

2. 지방정부와 민간 기업의 협약서 공개(무분별한 개발사업에 대한 경고)

진행상황

- 2005년 8월 10일, 삼능건설 컨소시엄 협약 체결.
- 2008년 6월 3일, 광주시도시공사 에어등산 개발사업 협약 사업자와 체결한 협약서
  일체 정보공개청구.
- 2008년 6월 12일, 협약서 전부 공개 불가 통지.
- 2008년 9월 9일, 행정소송 제기.
- 2008년 9월 29일, 도시공사 발송 공문 사본 및 삼능건설 컨소시엄 국방부 회신 공문
  사본 정보공개청구.
- 2008년 11월 7일, 어등산 관광단지 조성 관련 삼능 컨소시엄 제출 사업제안서, SPC
  설립 승인서,재해환경 교통영향평가서 등 정보공개청구.
- 2009년 1월 20일, 삼능건설 컨소시엄 채권단 워크아웃 결정.
- 2009년 3월 3일, 삼능건설 컨소시엄 워크아웃 대상 해당, 금광건설 이전(삼능
  컨소시엄 건설 투입액 49억 9200만 원 삼능 컨소시엄 지분 양도양수).
- 2009년 3월 31일, 삼능건설 컨소시엄 법원 기업회생절차 개시(법정관리) 신청.
- 2009년 12월 17일, 원고일부승소 판결(협약서 부분), 그외 부분 기각(행정소송

제소기간 경과).

- 2010년 1월 4일, 광주도시공사 및 보조 참가인(어등산개발 사업자) 항소 제기.
- 2010년 4월 28일, 금광건설 기업회생 절차(법정관리) 광주지법 신청.
- 2010년 4월 29일, 금광건설→ 모아종합건설(금광건설 및 광주관광개발 출자 어등산리조트(주) 지분 100퍼센트 인수).
- 2010년 5월 20일, 항소기각 판결(광주고등법원).
- 2010년 6월 9일, 상고.
- 2010년 9월 9일, 상고기각 판결(대법원).
- 2010년 11월 4일, 모아종합건설 인수계약 해제.
- 2012년 4월, 골프장 완공, 광주시 골프장 선 개장 불허.
- 2012년 4월 20일, '시민이만드는밝은세상'이 어등산 개발 3대 원칙 제시(공공성, 친환경, 협약 근거).
- 2012년 5월 22일, 시 원칙안 수용 환영, TF에 원칙안 해법모색의견 제시 입장 발표.
- 2012년 5월 24일, 언론인 골프장 시범 라운딩 비난 입장 발표.
- 2012년 6월 12일, 어등산리조트(주) 민사소송 제기(광주시, 광주도시공사 상대: 사업자 명의 변경, 골프장 허가지연 영업손실 배상 등).
- 2012년 9월 5일, 광주지법 강제조정 결정. ▲㈜어등산리조트의 비용으로 매입한 경관녹지 및 유원지 부지 광주시 기부, ▲골프장(27홀) 대중제(9홀) 운영 순수익 향후 사회복지사업 및 장학재단 설립 후 기부(대중제 골프장 운영수익으로 전체 운영수익의 1/3), ▲유원지 조성사업 광주시, 도시공사가 주체로 공영 개발방식으로 추진, ▲체육시설(골프장) 조성사업의 사업 시행자 명의를 현재의 도시공사에서 ㈜어등산리조트로 변경.
- 2012년 9월 18일, '시민이만드는밝은세상'은 조정수용 반대 입장 발표.
- 2012년 9월 26일, 광주시 수용.
- 2012년 11월 25일, 광주시, 어등산리조트(주) 금조장학재단 설립 허가(매년 2억 원 이상 출연, 영업이익 2억 원 미만 시 2억 원).
- 2012년 11월 27일, 어등산골프장 준공 승인.
- 2012년 11월 28일, '시민이만드는밝은세상'이 강제수용 관련 의견서 제출(공익재단 설립 사업계획 타당성, 수익 개념 설정 범위 등).
- 2012년 12월, 어등산리조트(주) 대중제, 회원제 운영.
- 2014년 5월, 어등산리조트(주) 소송제기─기부채납 부존재 확인.

취지

- 공공기관과 민간 기업 사이 체결한 협약서라도 개인의 영업상 비밀보다는 공익이
  우선함. 앞으로 공공기관과 민간 기업 사이에 체결한 협약서는 공개가 가능. 개인
  사업자와 체결한 협약보다는 공익이 우선한다!
- 어등산 개발 문제에 대한 원칙 제시(어등산개발원칙 제시, 골프장 선 개장 반대-시
  골프장 준공허가 거부 및 민간사업자 민사소송 제기 후 법원 강제조정/수익금
  공익재단 설립 등 합의).
- 후속 조치: 법원 강제조정 수용 이후 사업자 계약위반 사항 확인/도시공사-민간사업자
  간 공문 내역 정보공개청구, 민사소송 관련 소송서류 정보공개청구/의견서 제출-
  담당자 징계 및 운영권 확보, 향후 활용방안 등.

3. 교육청의 민간투자사업(BTL) 협약안 공개(무분별한 민간투자사업에 대한 경고)

진행상황

- 2008년 1월 21일, 광주시교육청 상대 정보공개청구: 2007 BTL 추진 현황, 2007 BTL
  사업자와 체결한 협약 내용 등 협약서 일체.
- 2008년 1월 23일, 광주시교육청 비공개 결정 통지. 비공개 대상 정보인 영업상 비밀에
  관한 사항이므로, 공공기관의정보공개에관한법률 제9조 제1항 제7호에 의거
  비공개함. 협약서 일체는 법인의 영업상 비밀에 관한 정보로서 이를 공개하는 경우
  임대형민자사업(BTL) 실시협약서 제87조(비밀 유지)에 저촉되어 공개할 수 없음을
  알려드리니 양지하여 주시기 바랍니다.
- 2008년 3월 19일, 전라남도교육청 상대 정보공개청구. 2006 BTL 추진 현황, 2006 BTL
  사업자와 체결한 협약 내용 등 협약서 일체.
- 2008년 3월 20일 전라남도교육청 결정통지. 2006 BTL 추진 현황은 공개, 2006 BTL
  사업자와 체결한 협약 내용 등 협약서 일체는 비공개. 공공기관의 정보공개에 관한
  법률 제11조 제3항 및 제21조 제1항의 규정에 의한 사업자의 비공개 요구에 따른
  비공개.
- 2008년 4월 2일, 전라남도 교육감, 광주광역시교육감 상대 행정소송
  제기(정보공개거부처분 취소).
- 2008년 11월 13일, 판결 선고. 실시협약서 내용 모두 공개하도록 판결.

취지

- 제3자와 관련된 경우라 할지라도 개인의 영업상 비밀보다 공익이 우선한다는 판단. 국가
  예산이 지원되는 공공성·공익성이 강하게 요구되는 시설에 관한 정보는 공공적·공익적
  성격의 정보임.
- 민간투자법에 의거 사업시행 전반에 관해서는 주무 관청이 감독해야 하고,
  민간투자사업의 경우 정부는 이와 관련한 내용을 국회에 제출해야 하므로, 국가나
  지자체의 실시협약체결인 경우 사인(私人)과의 사법(私法)적(일반적) 관계로 볼 수 없음.
- 민간투자사업 관련 독소 조항 여부 확인 가능. "정보공개법은 정보에 대해 원칙적으로
  공개할 것을 주문"하고 있기에, 협약서에 건설회사의 영업상의 비밀이 포함되어 있어
  공개할 수 없다는 교육청의 주장에 대해 "실시협약서 전체가 사업 시행자의 영업상
  비밀은 아니고, 설령 영업상 비밀이라고 해도 법인 또는 개인의 이익을 현저히
  저해한다고 볼 여지가 없다"고 판결.

4. 광주 비엔날레

진행상황

- 2009년 5월 13일 소송 제기.
- 2009년 9월 17일 각하 판결.

취지

- 비엔날레재단 패소 후 국민권익위원회는 자치단체 출연재단도 공개 기관에 포함되어야
  함을 권고(2011. 8.).
- 이후 정보공개법 개정(2013. 8. 6.)으로 정부 및 지자체 산하기관 및 출연기관 등도
  공개대상 기관에 포함.

내가 낸 세금, 다 어디로 갔을까?

우리 삶을 바꾸는 시민운동의 힘

초판 1쇄 발행	2018년 6월 18일
지은이	이상석 하승우
편집	김영미
북디자인	정은경디자인
펴낸곳	이상북스
펴낸이	송성호
출판등록	제313-2009-7호(2009년 1월 13일)
주소	03970 서울특별시 마포구 성미산로 5길 72-2, 2층.
전화번호	02-6082-2562
팩스	02-3144-2562
이메일	beditor@hanmail.net

ISBN 978-89-93690-52-1 (03300)